中公文庫

芸談

昭和落語家伝

立川談志
田島謹之助 写真

中央公論新社

まえがき

ここに写っている人たち、つまり噺家《はなしか》、これが東京の噺家の全《すべ》て、といっていい。

つまり、この通り少なかったのだ。その頃、戦中から戦後にかけて噺家になりたいなんと思った若者はいなかった。理由は〝食えない〟。もっとも、マトモに働いていても満足なモノが食えなかった敗戦の焼け跡の、あの東京。あの瓦礫《がれき》の中から噺家になろうなんざァ、沙汰《さた》の限りであった。

だが、この人間という困った生き物は、そんなときでも、常識では呆《あき》れ返るような行動を起こす奴《やつ》もいた。早い話が〝気狂い〟である。それが、ごォーく少数、ほんの一握りの、いや、もっと少ない。奇跡みたいな存在の狂った若者がいたのである。で、それが今日の落語界にとりあえずつながった、ということ。

それは余談として、ここに写った噺家、この人たちが戦後、〝落語ブーム〟とまでいわせた時代も含めて、私たちに落語を伝えてくれた。伝授してくれたのである。

で、この時代を背景に撮《と》った写真、撮りまくった田島謹之助《たじまきんのすけ》さん。この人もその頃、これまた奇人扱いされた部分も多々あったろう。

八世桂文治《かつらぶんじ》に惚《ほ》れ、人形町《にんぎょうちょう》の寄席《よせ》から高座を狙《ねら》い、あげくは自宅に押しかけ、文治の素顔を、そして文楽《ぶんらく》、志《し》ん生《しょう》、三木助《みきすけ》、小《こ》さん、馬生《ばしょう》……と追いかけた二千枚の貴重なフィルム。縁あって、これを受け継いだ立川流のお家元。

写真を見て、眺めて、あれやこれやと当時を偲《しの》ぶ。そこで過ごした青春、今は亡き憧《あこが》れし師匠連、思いつくままに書きとめておく。

くどいが、この写真集に写っている噺家が、その頃の東京の落語界の全てといえる。ちなみに、寄席の落語、講釈等の間を埋めた、俗にいう〝色物《いろもの》の芸人〟、曰《いわ》ク、曲芸、音曲《おんぎょく》、踊り、手品、漫才、等々も撮っているが、キリがない。

この写真集では、当時の落語界の幹部、または理事といった野暮《やぼ》な呼称の〝真打ち〟を載せ、語ることにした。

それにしても少ない、少ない。この当時と比べ、現代の噺家どもの多さ。内容はともかく、その数において隔世《かくせい》の感がある。桁違《けたちが》いの多さだ。

その理由は一つ、〝誰でもなれるから〟であり、どんな馬鹿《ばか》でも辞めない限り、前座から三年くらいで二つ目に、そして十年も経《た》ちゃ真打ちにしてくれるからである。その噺家真打ちの落語収入なんて一円もあるまいが、この世の中だ、働かなくても死なないくらいの食べ物はある。で、噺家といやァ、ま、フリーター、ホームレスよりゃいささか聞こえがいい。まして〝立川談志の弟子です〟とくりゃあ、相手もさほど邪険《じゃけん》にゃしまい。一緒に家元の悪口いってりゃあ酒の一杯も馳走《ちそう》してくれる。

で、辞めない。辞めるわけはない。快適なのだから。

また話がそれたが、この写真集、食えない頃の写真でもある。ま、いささか街に食品も流れ、噺家にも金が入った。そこで、志ん生の、三木助の、小さんの家が写っているという次第。

小林勉という大阪の若き優れた演芸プロデューサーが、昭和の三十年代の初め頃か、「どんなに泥酔しても上方《かみがた》の落語家の名前は全部いえるよ」と言ったが、そう、十五、六人ではなかったか。その上方、大阪に対して、ま、首都東京だが、いささか多いぐらいのものだった。

ちなみに家元全部いえる。それも本名を加えて、である。いま、これを全部いえるのは、江戸文字やビラ字の橘《たちばな》左近《さこん》、落語通の川戸《かわど》貞吉《さだきち》、録音の草柳《くさやなぎ》俊一《しゅんいち》、そんなところか。

歌丸《うたまる》にゃいえまい。そして後輩たちはおそらくダメだろう。

それをいえるのも、この落語立川流家元が寄席ファンであったからだ。

誰よりもファンで、マニアで、我ながら愛《いと》おしい奴である。


けど、もういい。充分に喋《しゃべ》った、生きた。まだ〳〵発見もあるが、いま技神《ぎしん》に入《い》っている。いえ、この〝技神に入る〟は別段、神様《ゴッド》に非《あら》ズで、神《しん》、つまり神経、スピリチュアルのことである。

一口にいうと、〝落語が判《わか》った〟。いや、落語の持つ人生のポジションが解《わか》ったのだ。いや判ったつもりであろうが……。

で結果、立川談志は落語という形式を中心に語る、エンタテインメントとなりました。

いいヨォ、家元は。いや〳〵、毎度々々、べけんやでドーモ……。

二〇〇七年九月

立川談志

目次

＊この本に収載されている写真は一部を除き、写真家田島謹之助が、一九五四（昭和二九）年から一九五五（昭和三〇）年にかけて撮影したものです。
＊写真の詳細は、巻末の写真一覧にまとめました。

芸談　昭和落語家伝

六代目三遊亭円生

さんゆうてい・えんしょう。本名・山崎松尾、一九〇〇（明治三三）～七九（昭和五四）年。〇九（明治四二）年、四代目橘家円蔵に入門。二〇（大正九）年、橘家円好で真打ちに昇進する。四一（昭和一六）年、三遊亭円生を襲名する。六代目落語協会会長（一九六五～七二年）をつとめるが、真打ち乱造に反対して七八（昭和五三）年、円楽、円窓ら一門とともに協会を脱会し、落語三遊協会を結成した。

一口にいうと「昭和の名人」、最後の大名人である。現代でも落語の形式を上手に演じる人はいるが、円生師匠の広い守備範囲、攻撃範囲にはとても敵《かな》わない。

声も、あのいい声の中音《ちゅうおん》で、音曲《おんぎょく》が唄《うた》えて、子供の頃「豆義太夫語《まめぎだゆうがた》り」だったから、義太夫は勿論《もちろん》いける。大阪にいたから大阪弁もいける。したがって、音曲噺《おんぎょくばなし》、芝居噺《しばいばなし》、滑稽噺《こっけいばなし》、人情噺《にんじょうばなし》、短い噺、ばか〱しい噺、何でもいけた。

　演目は一番多く、それも桁違《けたちが》いであった。
『百川《ももかわ》』『三十石《さんじっこく》』『一人酒盛《ひとりさかも》り』『三枚起請《さんまいきしょう》』『山崎屋《やまざきや》』『木乃伊取《ミイラと》り』『権助提灯《ごんすけぢょうちん》』『文《ぶん》七元結《しちもっとい》』『妾馬《めかうま》』『三年目《さんねんめ》』『錦《にしき》の袈裟《けさ》』『品川心中《しながわしんじゅう》』『大山詣《おおやままい》り』、そして数々の人情噺。ほかの人の演《や》らない、宇野信夫《うののぶお》作であるとか、円朝《えんちょう》の作品であるとか、いわゆる文芸物といわれたものまでこなしていた。

　ここに挙げた落語は、名演のごく一部だが、一つ〳〵が群を抜いている。極端にいえば〝非の打ちどころがない〟ということだ。見事である。上手《うま》くて面白くて、ばか〳〵しい。それでも、円生師匠、「死ぬまで、まだ〳〵修業です」と言ってたっけ。

　円生師匠は、私みたいにくだ〳〵と落語を分解しない。で、昔ながらの落語の評価をする。〝円喬《えんきょう》は上手かった。三代目小《こ》さんは名人であった〟ということだが、その線からいったら、円生は文句なく昭和の名人で、立川談志、とても〳〵及ばない。早い話が、家元『庖丁《ほうちょう》』で端唄《はうた》の「八重一重《やえひとえ》」は唄えない。で、違うところから攻めたところに談志落語があるのだが……。

　名演はいろ〳〵あるが、一つ挙げるとすれば『百川』はどうだろう。

　また、上手い噺家として評されやすい芸風であったが、ばか〳〵しい噺がいい。曰《いわ》ク『寄合酒《よりあいざけ》』だとか『湯屋番《ゆやばん》』『四宿《ししゅく》の屁《へ》』『おかふい』等々。

普段もばか〳〵しいことを言うが、それがあまり受けなかったりする。というのは、周囲が円生師匠の人柄を〝真面目で取っつきにくい〟と決めてかかるからだ。

円生師匠ばかりに非《あら》ズで、世間は人間を一つの範疇《はんちゅう》に入れて批判したり評価したりする。「おとなしい人だよ」とか、「よく怒る人だよ」とか、「料理にうるさい人だよ」とか、「野球が好きな人だよ」なんと言う。

それらの集大成をその人の人格として評するわけだが、よく分解すれば誰にだっていろ〳〵な感情があるから、それがいろ〳〵なところに出てくる。それを〝出しちゃいけない〟てンで、落語、特に人情噺などでは、人間の摩訶不思議《まかふしぎ》なところは出さないようにして演じる。円生の落語がそれの最たるもののように思われているが、実はそうでない。摩訶不思議な部分もひょい〳〵と出てくるのが、円生師匠である。

口上で円生師匠と並ぶ司会の私が、

「では次に、落語協会の会長で昭和の名人。『おかふい』だとか『相撲風景《すもうふうけい》』、または『勘《かん》定板《じょういた》』などを演ると、その右に出る人がおりません」

これらは、円生師匠が演る中で一番セコイといわれる噺だ。

「お前さんはいけませんよ、そういうことを言って」

なんと言いながら、円生師匠、笑ってたっけ。

2

3

4

こういう状況をよくつくり、円生師匠を喜ばした歴史を談志は持っている。

「最後の名人」といわれる円生師匠にも、「下手くそな噺家」といわれた時代があった。落語協会が大量に真打ちを生産することに反対した円生師匠、それに対して色川武大《いろかわたけひろ》兄《アニ》ィが、「自分だって、真打ちになったときは下手だったよ」と、ボソッと言ったのを覚えている。

モテただろうが、楽屋に連れてきた、訪ねてきた女性たちを見ると、「いいのかい、おい。こんな物凄《ものすご》いのを円生師匠、退治してんのかね」というのが多かった。「金だよ金。金ェ貰《もら》ってんだよ」と楽屋の悪口。

円生師匠が楽屋へ入ってくると、楽屋が〝ピリッ〟とした、といわれたが、私は、そういう感じを持たなかった。なぜかというと、可愛《かわい》がられていたし、懐《ふところ》に入っていった。いや、可愛がられてはいなかった。こっちから円生師匠の懐へ飛び込んでいったのだ。円生師匠が入ってきても、私は〝ピリッ〟としなかったのだ。甘く見てるのか、あまり人間を怖がらない。そのくせ、今は、〝家元が入ってくると、ピリッとしますよ〟なんぞといわれている。

おっと、円生師匠の話だ。もう一度押す。

5

三遊亭円生、昭和の名人なり。大名人であった。

写真には『首提灯《くびぢょうちん》』がある。『おかふい』『庖丁』も入っているかもしれない。あとは読者が当ててくれい。

6

7

8

9

11

12

14

15

17

20

21

三代目春風亭柳好

しゅんぷうてい・りゅうこう。本名・松本亀太郎、一八八八（明治二一）〜一九五六（昭和三一）年。二代目柳亭（のちの談洲楼）燕枝に入門。一九一七（大正六）年、三代目春風亭柳好となり、真打ちに昇進する。明るい唄い調子が特徴で、高座に上がると決まって、十八番の『ガマの油』や『野ざらし』を求める声がかかった。上野鈴本演芸場の楽屋にて脳出血で亡くなる。

〝野球で一番の名選手は誰か〟と絞りこんでいくと、やれ長嶋《ながしま》だ、イチローだ、中西《なかにし》だ、金田《かねだ》だ、川上《かわかみ》だ、青田《あおた》だ、千葉《ちば》だのといるが、最後は大下弘《おおしたひろし》に行き当たる、と書いた人がいる。同感である。

と同様に、〝誰のどの落語が一番か〟と絞っていったら、文句なく、春風亭柳好『野《の》ざらし』となる。『棒鱈《ぼうだら》』もいいが、やはり『野ざらし』だろう。あの唄《うた》い調子《ぢょうし》、あの仕草《しぐさ》、あの顔、あの愛嬌《あいきょう》、これぞ噺家《はなしか》、これぞ粋《すい》なのだ。

「梅は咲いたか」の出囃子《でばやし》がかかる。客席がドッと声を上げる。ため息を漏らす。歓声となる。そこへ、〝ニコッ〟と笑って、〝ヘイッ〟と頭を下げて出てくる春風亭柳好。

「待ってましたッ。『ガマ』『ガマ』『野ざらし』！」

声がかかった。

柳好については、何度も書いている。もう書き尽くしている。だから、ほかの本とダブッている。〝でもいい。仕方がない〟〝さいでござんしょう〟……。


この写真、この春風亭柳好、十八番中の十八番、『野ざらし』で、右肩に釣《つ》り竿《ざお》を担いで笑っている写真は、

「どうしたい、骨《こつ》は釣れるかい？　骨は」

その声、その姿が浮かんでくる。

「痛い〱痛い〱。人のほっぺたを……痛い」

どの写真だかわかります？　わかりますよねェ。ほっぺたをつねってますものねェ。

私は一度だけご一緒して、大阪の角座《かどざ》へ出るチャンスがあったのだが、それが実現しなかった。痛恨《つうこん》の極《きわ》みである。

その頃、向島《むこうじま》で芸者屋《や》を営っていた。で、「向島の師匠」。本名は松本亀太郎《まつもとかめたろう》。

2

3

柳好師匠、唄い調子の落語はよろしかったが、そうでない落語はダメだった。つまり、柳好の唄い調子で処理できない落語だが、噺にゃそのほうが多いから、判《わか》りやすくいやァ、下手くそだった。

柳好師匠は、私が二つ目になって間もない頃に亡くなっている。何がいいたいのかというと、楽屋や舞台袖《ぶたいそで》からはそれほど聴いてないということ。むしろ、落語の世界に入る前に、客席で聴いた数のほうが多い。柳好の追っかけともいえた。

落語家になってから聴けなかった理由の一つに、〝協会が違っていたから〟ということもある。何せ、楽屋の仕事、前座業というものがあり、追っかけようにも時間がない。神田《かんだ》立花亭《たちばなてい》で特別の会があったときに、柳好師匠が一席演《や》って、踊った。そのときのことをよく覚えている。

覚えた踊りを、下手な踊りを初めて披露した。楽屋を気にしながら、師匠の目を気にしながら、間違いながら踊る。そういうストーリーの踊りだった。

踊った曲は覚えていない。それほど面白いとも思わなかった。けど、〝柳好の踊りを見ている〟というのは私の宝物となっている。

おっと、忘れてた。『二十四孝《にじゅうしこう》』、結構でした。

「これも孝行の威徳《いとく》によって天の……」

と、

「感ずるとこだろう」

と八公《はちこう》。

「そうだ」

「そうだろう、もうそろ〳〵感ずるころだと思ってたよ。どうでえ、感じそこなったろう」

云々《うんぬん》。何とも堪《たま》らない柳好リズム。

その柳好リズムはきっと、文楽師匠が惚《ほ》れ、女を取られた「鶴本《つるもと》の志ん生」を真似《まね》ていたはずだ。

で、その鶴本は、人間はぞろっぺいであったが、何を演っても唄い調子でどんなセコイ噺でも上手くこなしてしまう堪らない芸人であり、立ち居振る舞いは江戸っ子そのものであったという。

『棒鱈』、演り手がいなかった。

柳好に可愛《かわい》がられていた弟子の「春風亭小柳《こりゅう》」、のちの「芝楽《しばらく》」、この人も唄い調子があって、軽くて江戸前で、私は大好きな先輩であった。けど、楽屋では評判の悪い人だったのは何でだろう。で、芸もあまり評価されず、不遇のうちに亡くなった。ちなみに、この芝楽さんの女房が我が女房と同級生。〝美人で頭のいい人でした〟と、女房の弁であります。

「春風亭柳好、柳好、柳好、向島、イヨッ、柳好！　『ガマ』『ガマ』『野ざらし』『電車風《でんしゃふう》景《けい》』『棒鱈』！」

その『棒鱈』は、私のちょっと先輩の金原亭馬《きんげんていうま》の助《すけ》が演っていた。で、小《こ》さん師匠が演り、そこから広がっている。けど、柳好師匠のは、あんな野暮《やぼ》な噺ではない。

小さん師匠のほうが落語リアリティはあるかも知れない。田舎侍《いなかざむらい》が田舎侍らしい。逆に、柳好師匠のは、粋《いき》な部分が多すぎて、田舎侍の野暮さがあまり出てこなかった記憶があるが、それをすっ飛ばして、柳好の見事さがある。

酔っ払いながら階段を上がって、先に上がっていく女中のお尻《しり》を唄いながら撫《な》でる場面が耳に残っている。「お花さんのお尻は大きいネ」「およしなさいよ」……。

ヨッ、柳好。

柳好、柳好、向島の師匠。ヨッ、松本亀太郎。『野ざらし』！

三代目桂三木助

かつら・みきすけ。本名・小林七郎、一九〇二（明治三五）～六一（昭和三六）年。十代で七代目春風亭柏枝（のちの六代目春風亭柳橋）に入門。大阪の二代目桂三木助門下を経て東京の柳橋門へ戻り、一九二七（昭和二）年、春風亭柳昇で真打ちに昇進する。一時、舞踊に転身するが、四三（昭和一八）年に復帰、橘ノ円となる。この間、博打に深入りした時期もあり、「隼の七」と呼ばれる。戦後になって評価が高まり、五〇（昭和二五）年、三代目桂三木助を襲名。その後、落語芸術協会から脱会してフリーとなり、六〇（昭和三五）年に落語協会所属となる。

本名、小林《こばやし》七郎《しちろう》。またの名を「隼《はやぶさ》の七《しち》」という。噺家が裏に回りゃあ博打《ばくち》打ちだ。こういうあだ名があるくらいだから、楽屋の芸人と、一緒には暮らせない。それで大阪へ行ったか逃げたのか、先代の桂三木助、その三木助の弟子となって「三木男《みきお》」と称《い》う。
やがて橘《たちばな》ノ円《まどか》となり、東京へ出てきて、春風亭柳橋《しゅんぷうていりゅうきょう》の推薦によって、ＮＨＫラジオ

のお笑い番組、人気番組の「とんち教室」、これの一員として全国的に名が売れ、〝「円」ではいけない、「三木助」になりたい〟ということで、それを実現させた。

同時に、花柳《はなやぎ》太兵衛《たへえ》という名取《なとり》となり、その踊りの縁で知り合った若き仲子《なかこ》さんと所帯を持ち、田端《たばた》に家を建てて子供に恵まれ、幸せな落語家の生活に入った。

師匠が柳橋であるから、当然、所属は落語芸術協会であった。芸術協会は新作が多い。で、そこを出て、古典落語の嬉《うれ》しき仲間たちのいるところへ行きたいと思った三木助。文《ぶん》楽《らく》、志《し》ん生《しょう》、円生《えんしょう》、小《こ》さん……といる落語協会に、無理して無理して、念願かなって入ってきて、喜びも束《つか》の間《ま》、一年も経《た》たずして胃がんで逝《ゆ》く。

桂三木助は、私の好きな、粋《いき》な、いなせな落語家であったが、「文学性」なんぞといわれている部分はどうか。安藤鶴夫《あんどうつるお》におだてられたか誘われたか、一緒に組んだか、それで創《つく》った『一本刀《いっぽんがたな》土《ど》俵《ひょう》入《い》り』、そして桂三木助、十八番中の十八番といわれる『芝浜《しばはま》』は嫌だ。気障《きざ》なのだ、やりすぎなのだ。

出だしがいきなり「翁《おきな》の句に……」、翁、つまり芭蕉《ばしょう》である。「芭蕉の句に、明けぼのや、しら魚《うお》白きこと一寸……」てなことから入っていく。

また、朝方の浜辺に立って、「おー、いい匂いだな。この香りは忘れらんない」とか、

2

3

「おー、帆立てが帰ってきやがった。早《は》ぇエな。ああ、もう帰ってくるところを見るてぇと、早く出かけてるんだ。働いてる人がいる。早い人がいるんだ。怠けちゃいけねえなあ」。

　つまり、人情的、常識的なものを基準にして始まるこの『芝浜』に、私は嫌悪感すら覚えた。

　だが、『味噌蔵《みそぐら》』『崇徳院《すとくいん》』『へっつい幽霊《ゆうれい》』『化《ば》け物使《ものつか》い』等々、三木助独特の世界がある。くどいようだが、それは粋でい、、なせで、他の追随を許さない。

　で、この粋さが粋すぎてしまう、中途半端になってしまうように感じた芸があった。それは三木助ファンにとっては〝堪《たま》らない〟ものであるし、〝それこそ三木助〟なのであろうが、『長短《ちょうたん》』『人形買《にんぎょうが》い』『まんじゅう怖《こわ》い』『たが屋』。粋すぎてしまうのだ。もうちょっと野暮《やぼ》に演《や》れないものか。

　その〝野暮に演る〟ということが落語に対するリアリズムでもあり、落語家の役目だと思い、そのようなことを作家の小島政二郎《こじままさじろう》先生に聞いたことがある。答えは一言だった。

「三木助には、できないんだ」

　その頃の私は、〝できない〟というのは〝技術がない〟ことだと判断していた。だが、違う。あくまで〝できない〟のだ。レベルを落とせないのだ。

　だから、〝文句がない〟と、私はいう。曰《いわ》く、『宿屋《やどや》の仇討《あだう》ち』『お神酒徳利《みきどっくり》』『崇徳院』

4

5

6

『へっつい幽霊』『蛇含草《じゃがんそう》』など、三木助十八番。

ところが、『大工《だいく》調《しら》べ』になると、その〝できない〟ということ、知性の高さがマイナスとなる。結果、〝小さん師匠のほうがいいな〟となる。しかしこれも、ファンにいわせれば、〝それが三木助だ〟ということになる。

一口にいって、〝受け身の芸〟といってもいい。というより、前へ出ていくことに照れたのだろうか。

「ナニをォ？　矢でも鉄砲でも持ってこい」

と啖呵《たんか》を切った、『宿屋の仇討ち』の三人連れの江戸っ子。いろ〳〵聞いてみると、相手が侍であることがわかる。

「あなた、いま、矢でも鉄砲でも持ってこいと言ったでしょう」

と宿屋の番頭。

「矢でも鉄砲でも持ってこいと言ったけど、刀とまでは言わねえだろう」

いいネエ、見事だ。

「この餅《もち》を全部食えるか」

7

間髪《かんはつ》を容《い》れず、

「食わせるか」

とくる。

「よし食わせよう」

こう書いても判《わか》るまいが、そのタイミングのよさ。


道具屋と客二人で力を合わせて、錆《さ》びた短刀を引っ張って抜いてる。

「どうして抜けないんだァ？」

と道具屋。

「木刀《ぼくとう》ですから」

と与太郎。

「おーい、おーい」とも「馬鹿《ばか》なことをするね」とも言わないで、

「ははァー、大変なやつだね、これは」

と、こういうふうにくる。

なんぞと書いてみたが、判るゥ？　お判りになるゥ？

不思議な縁で、三木助師匠のご子息が小さんに預けられ、修業し、やがて三木助を名乗り、そして自殺。その姉の茂子《しげこ》の子が前座となって、最近二つ目となって桂三木男となった〔のち五代目三木助〕。祖父三木助も、大阪では三木助門下で三木男を名乗っていた。で、この三木助と三木男、伜《せがれ》と孫、この二人を聴く縁があったので聴いてみたところ、骨格が太い。で、センスがある。

自殺した三木助とはあまり縁がなく、面倒をみることができなかったが、たま〳〵孫の三木男を見て興味を持って、目をかけた。だが、私はもうこの歳《とし》だし、多忙だし、そうもいかんという理由を勝手につけて、同じ多忙の芸人だが、私より若いから長く生きるという一点で、志《し》の輔《すけ》に頼んだ。ちなみに、三木男の師匠は、志ん生の伜の馬生《ばしょう》、そのまた弟子のいまの金原亭《きんげんてい》馬生なのだそうだ。

DNAだか何だか知らないが、ここに親子三代の芸の系譜というか、親譲り、子譲りと一口にいうが、小林七郎譲りの血の流れを感じた。祖父の落語と一言半句《いちごんはんく》違《たが》わずに喋《しゃべ》れるということはありえない。それは当然で、己《おのれ》の個性があり、口調もある。そこで、己の会話、己の呼吸でつないでいくのだが、これが文句ないほど見事なのである。

若き夫人と結婚し、子宝に恵まれ、仕事はある、落語は名人、順風満帆《じゅんぷうまんぱん》。

幸せは長く続かない。忍び寄ってきた胃がん。三木助師匠、どれほどこの娑婆《しゃば》に未練があったか。

まだ小さくて可愛《かわい》い茂子、そしてその頃の三木助もまだ子供で盛夫《もりお》。それらを残して、それらを残して、残して〳〵、一人あの世へ逝《い》ったのだ。

9

10

八代目桂文楽

かつら・ぶんらく。本名・並河益義、一八九二（明治二五）～一九七一（昭和四六）年。一九〇八（明治四一）年、初代桂小南に入門。小南が大阪へ帰ったため、旅回りの芸人となり、名古屋、京都、満州などを渡り歩く。その後、東京に戻り、翁家さん馬（のちの八代目桂文治）門下を経て五代目柳亭左楽門となり、翁家馬之助で真打ちに昇進。二〇（大正九）年、八代目桂文楽を襲名する。落語協会の三代目および五代目会長（一九五五～五七年、六二～六五年）。

何を語ろう、いまさら文楽師匠を、黒門町《くろもんちょう》を。ということは、語り尽くされていると思うからだ。

文楽師匠は温厚な人で、訳の判《わか》らない、曰《いわ》ク〝文楽語〟を喋《しゃべ》って楽屋を陽気にしていた。「あばらかべっそんだ」とか「あばばば会社」だとかネ。恐らく、自分を温厚に温厚にと、意識してたんでござんしょう。結果、〝ジェントルマンの優しい人で、噺家らしい芸人で

ある〟との評価を得た。

怒ると、

「そはいかねえ。天が許さない」

なんというフレーズを言う。しかし、ごく小心な人だから、あまり争いごとは好まなかった。

唯一争ったといえば、「小三治《こさんじ》」を「小さん」にすることで、結果敵を拵《こしら》え、暴力沙汰《ざた》にまでなって、やれ、〝殺してやる〟のどうの、というところまでいったという話が伝わるぐらいだ。

困って、師匠の左楽《さらく》に相談に行ったら、「お前はバカですね。お前を文楽にするために、私はどれほど敵をつくったか」と言われ、「ああ、そうだ。何が何でも小さんにするんだ、と、遠い昔の師匠に礼を言いました」という、いい文章が残っている。

「私は何を演《や》っても十八番」と言っていた。自分の作品はすべて十八番であるということなのだろうが、酷《ひど》いネタもあることを、ファンは知っている。

晩年は、〝酷い噺《はなし》〟イコール〝楽〟なのか、それのみを演っていた。曰ク、『厄払《やくばら》い』『馬《うま》の毛《す》』『大仏餅《だいぶつもち》』、この三つが圧倒的に多かった。

2

3

4

文楽師匠の落語で私が好きなのは、『つるつる』の、『素人鰻《しろうとうなぎ》』の、『愛宕山《あたごやま》』のというよりも、『酢豆腐《すどうふ》』、そして『よかちょろ』。あの若旦那《わかだんな》と取り巻いている若い連中、何ともたまらない芸で、『よかちょろ』は、自分なりに膨らましたり縮めたりしながら、私の好きな落語の一つとして大事に喋っている。

ちなみに、写真**8**が『酢豆腐』、そして**10**と**12**は『よかちょろ』だと思うな。そうなると、**11**が同じ高座だというのが判らない。当ててくれや。家元をギャフンといわせてくれい。

〝無駄を一切省いた〟といわれるが、〝無駄にこそ、味があるのではないか〟という反論も、私の中にはある。

人形町末広《にんぎょうちょうすえひろ》の親爺《おやじ》さんが、文楽師匠の『松山鏡《まつやまかがみ》』を楽屋で聴いてて、私に言った。

「まあ、ほかにいないから、文楽さんが名人なんていわれてるが、円生《えんしょう》さんがいたらとても敵《かな》いませんよ、この噺なぞは」

その〝円生さん〟とは、先代の、つまり亡くなった六代目の前の五代目である。「でぶの円生」と称《い》った。

5

6

文楽師匠は若い頃からきれいで洒落《しゃれ》てるから、女性にモテて、「一晩でいいから、女のいない晩が欲しかった」なぞと言っていた。仲間だった「エへへの柳枝《りゅうし》」が、「兄さんは羨《うらや》ましいな」と言ったという話を、文楽師匠自身から聞いた。

女性の話では、こんな逸話《いつわ》も残っている。

文楽師匠は、志ん生《しんしょう》の前の志ん生、「鶴本《つるもと》の志ん生」に惚《ほ》れこんでいた。で、自分が付き合っていた女性《おんな》にも鶴本の志ん生の話をしていたという。文楽がしきりに褒《ほ》めるので、女性から「紹介してほしい」と言われて紹介したら、その女性を鶴本の志ん生に取られちゃった。

人形町末広、ある夜のこと、文楽師匠が高座へ上がって客席を見ると、そのタレなるものが、彼女なるものが客席に鎮座《ちんざ》ましまし御座《ござ》候《そうろう》。

文楽師匠、〝終わってから付き合うんだろう。そのために来てるんだろう〟と思ったそうな。そしたら、楽屋にいた鶴本が〝おい、ちょいと話があるんだが、玉《たま》ひでに行こう〟となる。「玉ひで」はいまもある。親子丼《おやこどん》を売り物にして繁盛している。

と、玉ひでに行くと、その女が来てる。ネ。

で、グツ〳〵グツ〳〵と鍋《なべ》は煮えている。何ともいえない妙な空間ができてた。したらネ、鶴本の志ん生が一言、文楽に向かって、ズバッと言った。

7

8

「早い話が、ここへ俺が七両《りょう》二分《ぶ》出そう」

「えェー、参りましたな」と文楽師匠の述懐《じゅっかい》。いくら自分が惚れこんでる鶴本の志ん生が相手だといっても、「悔しかった」そうな。

そこで文楽は考えた。〝このことを噺に生かそう。そうだ、『刀屋《かたなや》』だ〟。『刀屋』は『怪談牡丹灯籠《ぼたんどうろう》』の前のほうの一部分で、演《や》り手《て》がいない噺であった。その『刀屋』に、女を取られた悔しさを生かして、文楽師匠は悔しさをしのいだのだそうだ。

晩年だが、まだ元気な頃のこの自宅の写真。煙管《キセル》入れと称《い》うが、つまり「煙草《たばこ》入れ」を大切にしていたことを思い出す。集めてもいた。文楽師匠のお棺《かん》に、その煙管入れを入れた。それを見た俺が、「あれ、何とか取れねえかなァ……」なんぞと言ったというが、当人、記憶にございません。

結果、落選したが、衆議院議員に立候補したとき、選挙区に住んでいた文楽師匠の黒門町の家の前を通り、露地からメガホンだかマイクだかで、

「師匠、談志です。一票をお願いします」

二階の窓がガラッと開いて、

9

「よォーがすよ」

何ともたまらない調子であった。

お子さんを戦争で亡くしている。養子ではあったと聞いたが、それが人生の痛恨《つうこん》だった。

出征《しゅっせい》のときに、

「お前は桂文楽の伜《せがれ》なんだから、絶対に捕虜《ほりょ》にだけはなってはいけませんよ」

と言ったことが終世の悔《く》やみになった、と語っていた。

六代目春風亭柳橋

しゅんぷうてい・りゅうきょう。本名・渡辺金太郎、一八九九（明治三二）～一九七九（昭和五四）年。一九〇九（明治四二）年、四代目春風亭柳枝（のちの華柳）に入門。一七（大正六）年、春風亭柏枝となり真打ちに昇進する。春風亭小柳枝を経て、二六（大正一五）年、六代目春風亭柳橋を襲名する。三〇（昭和五）年、柳家金語楼とともに日本芸術協会（のちの落語芸術協会）を創設し、初代会長（三〇～七四年）をつとめる。


若い頃からきれいで、上手《うま》くて面白くて、時代感覚があって、受けまくった噺家である。円生《えんしょう》師匠の弁に、

「私は生涯、柳橋さんみたいにはなれないと思った」

とある。柳橋師匠、その頃の落語界を代表する人だった。

『掛取万歳《かけとりまんざい》』、暮れになると借金取りが来る。返せない夫婦が、借金取りの趣味に合わせ

て、やれ、芝居だの、喧嘩《けんか》だの、万歳だのをしてごまかそうとする。万歳といっても、「三河《みかわ》万歳」。それを早慶戦にして、早慶の校歌や応援歌をパロッて馬鹿《ばか》受けした。

落語芸術協会を創立したのは柳橋と金語楼《きんごろう》だが、〝金語楼師匠は売れていて、あまり寄席に出られないから〟というので、会長が柳橋になり、副会長が金語楼となった。それが落語協会に対抗して今日まで続き、東京の二つの協会という形で存在している。

柳橋は、元は「睦会《むつみかい》」という柳亭左楽《りゅうていさらく》一派に所属していて、ここには八代目桂文楽《かつらぶんらく》、春風亭柳好《りゅうこう》、桂小文治《こぶんじ》、柳亭痴楽《ちらく》がいた。この痴楽はのちの七代目春風亭柳枝《りゅうし》。「エヘへの柳枝」といわれた笑いの王様。言葉のあいだに〝エヘヘ〟と入るので、「エヘへの柳枝」。で、その弟子が痴楽であり、「エッヘ痴楽でございます」といった口調を使っていた。

いかに上手かったかという柳橋師匠のエピソードがある。「柏枝《はくし》」と名乗ってた頃だから十代か二十代だ。大阪で演じた『子別《こわか》れ』。ファンが、それに対する賛美を歌で返した。

江戸っ子の腕で打ったる鎹《かすがい》は
　浪花《なにわ》の空に柏枝喝采《かっさい》

2

3

私どもが聴いた頃の柳橋師匠は、自分が出演していたＮＨＫラジオの「とんち教室」のこぼれ話なぞを演《や》っていた。勿論《もちろん》落語も演ったが、柳橋節《ぶし》というものがあり、聴いていてあまり快適ではなかったという記憶がある。ということは、円生師匠のあの節《ふし》も、最初は観客が嫌ったのではないか。定着するまでに、さぞかし時間がかかったろう。

完全にオールドタイマーになった春風亭柳橋、東宝《とうほう》名人会の楽屋でのことだ。楽屋は序列によって座る位置というものが決まっている。つまり、メインには一番偉い人が座り、その周りをそれに次ぐ人たちが囲み、若手は離れている、てなもんだ。

三平《さんぺい》さんが売れてきて、先輩の師匠が、

「おい、三ちゃん、遠慮しないでこっちへ入ってこいよ」

と言った。けど、三平さんは輪の中に入らなかった。ま、三平さんの人柄もあるのだろうが。

で、当然のことながら、「昭和の名人」円生師匠が、東宝名人会のメインの火鉢《ひばち》の前へ座っていた。そこへ入ってきた柳橋師匠、もうオールドタイマーで、もっと酷《ひど》いやァ落ち目。その柳橋師匠が円生師匠に、

「松《ま》っちゃん、どけェー。そこは俺の席だぞ」

と言って退《ど》かした。円生師匠も退いた、という楽屋話が残っている。

思い出すままに、柳橋師匠のネタを挙げていく。

『粗忽長屋《そこつながや》』『こんにゃく問答《もんどう》』、『うどん屋』は『支那《しな》そば屋《や》』と題して、酔っ払って唐《とう》辛子《がらし》をたくさんかけて、それを食べるという可笑《おか》しさ。先に書いた『掛取万歳』の「早慶戦」。

ほかに、『三味線栗毛《しゃみせんくりげ》』の、『鹿政談《しかせいだん》』のと演ったはずだが、一つも印象に残っていない。というのは、後年は、「とんち教室」のこぼれ話でお茶を濁《にご》していたということだ。「バカにつける薬はないか」という問題に、

「私が〝李香蘭をつけなさい〟と答えたら、青木先生が〝どこで売ってますか？〟に、〝蘇州《そしゅう》薬局で売ってます〟」

と言って受けたという話。けど「蘇州夜曲《やきょく》」は本来、李香蘭《りこうらん》ではない。渡辺《わたなべ》はま子《こ》だ。

柳橋師匠のお内儀《かみ》さんが亡くなって、そのお通夜。

噺家のお通夜なんてェのは、悲しみなんかこれっぽっちもない。くだらない話ィして、酒飲んで、ゲラ〳〵ゲラ〳〵笑ってるだけ。夜中にあんまり喧《うるさ》いってンで、二階から下りてきた柳橋師匠が、〝バカヤロウ、花見じゃねえぞ〟。いい叱言《こごと》だネ。

春風亭柳橋、一口にいうと「長者の風」でした。風格がありました。

5

6

8 7

桂小文治

かつら・こぶんじ。本名・稲田祐次郎、一八九三（明治二六）～一九六七（昭和四二）年。大阪に生まれ、二代目桂文団治（のちの七代目桂文治）に入門。一九一六（大正五）年、二代目桂米丸で真打ち格となり、翌年に東京の落語界から請われて上京する。一八（大正七）年、桂小文治となって真打ちに昇進し、睦会に所属。三三（昭和八）年、睦会から日本芸術協会（のちの落語芸術協会）へ移り、協会の副会長をつとめる。


本名、稲田祐次郎《いなだゆうじろう》。

落語芸術協会（当時は日本芸術協会）の幹部で、若手には大変怖がられていた。考え方が違うから、どこで怒るか判《わか》らない。だから〝怖い〟。桂小文治という人間像を摑《つか》みきれないということなのかも知れない。

大阪で、桂小米《かつらこよね》という名で売れまくった。器用な人だから、その頃の大阪で人気があ

1

った歌舞伎役者の真似《まね》をしながら立ち上がり、踊る。それは面白く、絶品であったと聞く。珍な踊りも受けていた。「奴《やっこ》さん」で奴凧《やっこだこ》になったり、「かっぽれ」をバレエで踊ったりしていた。着物の裾《すそ》をはだけさせて、それを広げてスカートのようにして踊ってみたり。けど、いつも同じだったから、私はさほど感心はしなかった。

落語は、大阪弁に馴染《なじ》めなかったし、妙な新作を演《や》る小文治落語にも入っていけなかった。

一例を挙げると『消化器』。いつも招待されてばかりいる社長が、これじゃ胃袋が参ってしまうってンで、「この胃袋をお前《め》えに貸すから」と言って、社員に渡す。社長の胃袋を貰《もら》った社員は、社長が招待されて何かを腹に入れるたびに、「あー、苦いコーヒーが入ってきた」「あ、また入ってきた」なんと言う、ナンセンスにもならない愚作。

ほかに、『カルメ焼き』『きんつば』なんという新作もあった。それに『江戸《えど》荒物《あらもの》』か。大阪人が地元で「江戸荒物」という荒物屋を出し、江戸っ子を気取って、〝いらっしゃい、何でもあります〟てなことを言う。それで客が縄を買いに来るが、ないから断ろうとする。

で〝江戸弁では何と言えばいいのだろう〟と考える。〝何でもあるのが「あります」だから、ないのなら「ないます」だろう〟ということで、「ないます、ないます」と言うと、客は「ああ、これから綯《な》うんじゃ間に合わねえ」。駄洒落《だじゃれ》の大阪落語である。

これは、何度も聴いているが、つまらなかった。

『英語本屋』『積もり貯金』『理屈按摩《りくつあんま》』なんというものもあったっけ。

この師匠も、勿論《もちろん》古典も演ったが、愚作の新作や古典の改良が随分ある。この種のものは、誰が演っても皆ダメ。「右女助《うめすけ》の小勝《こかつ》」を除いては。

〝それは談志、お前がこのスタイルが嫌いなせいだろう〟と自問してみるが、どうみても面白くない。無理がある。ナンセンスにもなってない。

〝それらを含めて寄席なんだ〟と、これまた色川武大《いろかわたけひろ》氏の弁である。

「したがって、寄席とは、こよなくつまらない場所《とこ》なんだよ、あすこは。同じことを毎日々喋《しゃべ》り、それを聴かされる。けど、ほかに行くところのない僕としては、そこにいた。で、それが後年になって懐かしく思い出されて、語るんだよ」

『芝居の穴』も演っていた。芝居の中の穴、つまりあら探し。これは正蔵《しょうぞう》師匠の例だが、『楼門五山桐《さんもんごさんのきり》』という芝居の穴。

「五右衛門《ごえもん》が、〝絶景《ぜっけい》かな、絶景かな。春の眺めは値千金《あたいせんきん》というが、小せえ、小せえ。この五右衛門の目から見りゃあ値万両《ばんりょう》、万々両《ばんばんりょう》だ〟。客席から〝ヨオ、千両〟って値切ってる人がいましたが」

3

というような類《たぐい》のものだ。

「幕が開くと、〝ああ、忙しい、忙しい〟と出てくる奴《やつ》がいるが、幕が開いたばっかりで何が忙しいいんですかねえ」

そのようなことを喋る。同じようなあら探しに『角力《すもう》の穴』とか、『歌の穴』とか、いろ〳〵ある。噺家がよく演るネタの一つであった。

小文治師匠、この写真を見ると判るように、全身が顔である。顔と、小さな瘦《や》せた体で表現して笑いをとっていた。


寄席の世界は人情があるようで残酷である。受けなくなった老芸人は浅いところ、つまり早い出番になり、やがては出番がなくなる。浅い出番にされた小文治師匠、強引に深いところへ自分の権勢《けんせい》で上がってったような気もする。プログラムは浅いが、勝手に深い時間に上がるのだ。

驚いたことには、上がる前に化粧をしていた。白粉《おしろい》で顔を叩《たた》いていた。パフで、パッ〳〵パッ〳〵。〝何だろう、この人は〟と思ったっけ。

談志の中に、〝噺家は素顔でいくべきだ。役者は、素顔で舞台に出たら承知しないぞ〟という考えがある。で、塗らないで芝居を演ったことがある。そしたら、楽屋の元締め、

4

親分に怒鳴られた。「すっぴんで出る奴があるか、バカヤロウ」とネ。

小文治師匠はその逆だ。〝何だろう、この人。色気かねえ、いい歳《とし》こいて〟、また〝噺家のくせに〟とも思った。と語っている事柄は皆、小文治師匠の全盛を知らない談志が、自分の見たことだけを基準に書いているという反省がある。

小文治というと、〝ああ、踊りだよな〟という表現で終わってしまう。

本来は、若い頃、売れまくった頃の情景を書き添えなければいけない、書かなければいけないのだろう。でも、それは無理です。

五代目古今亭今輔

ここんてい・いますけ。本名・斎藤五郎（のち鈴木）、一八九八（明治三一）～一九七六（昭和五一）年。一九一四（大正三）年、初代三遊亭円右に入門。三遊亭右女助（のちの四代目古今亭今輔）門下を経て、三代目柳家小さん門下で小山三となり、二三（大正一二）年、真打ちに昇進する。その後、桂小文治門下に移り、桂米丸を経て四一（昭和一六）年、五代目古今亭今輔を襲名する。落語芸術協会の二代目会長（一九七四～七六年）。

〝頑《がん》固《こ》爺《じじい》〟〝強情〟、これが今輔師匠に対する周りの評価であった。まんざら嘘《うそ》でもない。協会が違っていたせいもあり、新作でもあったせいか、私はあまり近寄らず、興味もなく、「今輔」という強烈な個性であったことは認めるが、その個性は好きではなかった。むしろ嫌った。

「えー、お笑い専門でございまして」

という、あの濁声《だみごえ》。歳《とし》のわりに若い発声、抑揚のない大きな声。つまり下手くそ。それを最後には今輔のものにした。これが今輔である。

それらは私の中にも残っていて、今輔師匠の思い出話をするときには必ず入る。曰《いわ》ク、あのお婆《ばあ》さんの姿であり、声音《こわね》である。

「お笑い専門でございまして、笑い声の高いほど信用を得るという不思議な商売でございまして、その辺の道理をわきまえてよろしくお願いいたします」

てのが枕《まくら》で、その作品は有崎勉《ありさきつとむ》作、つまり柳家金語楼《やなぎやきんごろう》作。律義《りちぎ》な師匠だけに、金語楼師匠を立て、金語楼作であるということをことあるごとに言ってた。しまいに、「もう完全に君の噺《はなし》になってンだから、それはよしたほうがいいよ」と、金語楼師匠に言われたと聞く。

覚えているネタを、挙げてみる。

『峠《とうげ》の婆さん』は、「驚《お》ォどれえたねェ、まあ」というフレーズで売った。他に、『バスガール』『旅行日記』。

時折、古典も演《や》っていて、その延長線上で芝居噺《しばいばなし》なぞも演った。三遊亭一朝《さんゆうていいっちょう》という、円朝《えんちょう》の弟子から譲り受けた道具仕立てのネタであり、これらを一緒に会得《えとく》する状況にいたのが、その頃の蝶花楼馬楽《ちょうかろうばらく》、のちの林家正蔵《はやしやしょうぞう》である。ちなみに、両方とも強情である。

曲げない。

『関《せき》の戸《と》』なんぞという芝居噺があった。芝居噺独特の幕をバックに垂らし、芝居噺用のチト大きな扇子《せんす》を持って、〝昔はこういう噺を演ったんだよ〟といわんばかりに演っていた。

前座の頃の元師匠でもあった三遊亭円右《えんう》、硬軟自在に喋《しゃべ》った巧者《こうしゃ》。その名人の弟子であった過去を再現したかったのであろう。それは、弟子の寿輔《じゅすけ》、新作オンリーの寿輔に、古典の名人「円右」を継がせたという事実でも判《わか》る。

『越後屋《えちごや》』『囃子長屋《はやしながや》』は、今輔師匠の前の今輔の売り物の噺。『馬の田楽《でんがく》』は、小《こ》さん師匠が今輔師匠に習いに行ったはずである。田舎の噺で、そこで唄《うた》う民謡がよかった。

その頃の落語界では、東京出身以外の噺家は認められなかった。今輔師匠は群馬県の出身であり、それがどれほど劣等感になっていたことか。

今輔師匠独特の声でのフレーズ、「驚《お》ォどれえたねェ、まあ」とか、「お爺《じい》さんは黙ってらっしゃい」、さらにはこれを言うときのお婆さんの演技。これらは古典落語ファンでも認め、楽しみの対象になっていた。

最初に今輔師匠を聴いたのは浅草の松竹演芸場で、確か演《だ》し物《もの》は『網棚《あみだな》の荷物』であった。

その頃は、食糧がない。ジャガイモを盗んだだけで刑務所に入れられた。で、盗まれると嫌だからといって鉄条網を張り、電流を流していた。それに触れて死んだ人がいる。勿《もち》論《ろん》、イモを盗もうという行為の結果だ。

で、殺したほう、電線に電流を通した側は無罪であった。こういう話が残っているくらいに食い物がなかった時分。したがって、いまは死語だろうが、〝買い出し〟に出掛ける。けど、主食、とくに米は買い出しに行って持って帰ることが禁じられていた。それを電車の車掌が調べに来る。

「お婆さん、そのバスケットの中には何が入っているんですか」

「開けちゃだめだよ。孫の土産《みやげ》にイナゴが入ってんだよ」

「あ、イナゴですか。でも、ちょいと拝見させてもらいます。お婆さん、これはイナゴじゃないです。米ですよ」

「米ではねえよ。イナゴの餌《えさ》だよ」

「いや、イナゴの餌を米というんです」

「米でねえよ。稲の実だよ」

なんぞと、いろ〳〵言う。中学生、いや小学生か、楽しく聴けた。笑った〳〵。もっとも初めて聴いた落語であるから、聴くものすべてが楽しかったという部分もあったろうが。

3

で、いろ〳〵あって。

とは、車掌と満員の乗客の一人々々との「持ち込みはないでしょうネ」云々《うんぬん》……。最後に、

「あなたはおコメなど持ち込んでませんネ」

に乗客が、

「ゴゴゴ、ゴゴゴゴ」

という。

「何です、あなた」

「いや、ゴゴゴゴ、ゴゴゴゴ」

つまり吃《ども》ってるのだ。で結果、

「ゴゴゴ、ゴゴゴゴ、ご苦労さんッ」

という落《さ》げで、場内爆笑。

では、なぜ私は嫌ったのか。新作があまり好きではなかった、ということもある。

勿論、新作を創《つく》った金語楼師匠は天才であり、ナンセンスの極《きょく》であった。例えば『アドバルーン』なんという、仕事のない男がアドバルーンに括《くく》りつけられて空へ揚げられる。今の歌丸《うたまる》も演ったと思うが、アドバルーンに摑《つか》まってフワ〳〵するのが堪《たま》らなく可笑《おか》しかったと、その頃の人は、金語楼を懐かしむ。

4

5

金語楼師匠の新作といえば、『兵隊さん』。金語楼のギャグだ。

「お父さん。お父さんを見てると、とても他人とは思えない」

「よせよ」

見事にものの本質をついている。親子は他人かも知れない。

己《おのれ》のパーソナリティーで爆笑させていた金語楼師匠の落語を、そのまま受け取って演っていた今輔師匠。金語楼師匠との差があまりにも大きすぎた、ということか。

例えば、『天災』という落語を直した『マタイ伝』、つまり、聖書にしたわけだが、酷《ひど》いもんだ。

『バスガール』は、女房が元バスガール。そのバスガールの口調……たって、いまはないが、〝お帰ンなさいまし〟〝奥のほうへお詰め願います〟みたいなギャグを含めた新作。

これらはまだよしとしても、『くず湯《ゆ》』ンなると呆《あき》れ返ったネ。

つまり、亭主が仕事に行く。会社に行くときに、

「きょうは母親が訪ねてくるから、ひとつ接待を頼む」

と妻に言い、

「お母さんは何が好きなんですか」

「もう歳だから、くず湯。それに辛子湯《からしゆ》が好きなんだよ」

つまり「くず湯」に母親を入れてしまうのだ。つまり風呂《ふろ》だ。次は辛子の風呂に入れてしまうという。これは、ばか〳〵しい。

でも、ばか〳〵しさを通り越して演るのが、権太楼《ごんたろう》師の『猫と金魚』だ。

「番頭さん、金魚どうした？」

「あたし、食べませんよ」

今輔師匠の新作は、このナンセンスとも違う。

円鏡《えんきょう》、いまの円蔵《えんぞう》と私が司会をしていたテレビ番組があって、今輔師匠に出てもらうことになった。

「まあ、今輔師匠は五分がいいとこじゃないですか」

と私が言った。つまり、エッセンス、一番いいところを見せようという意味であった。

ちなみに、ラスベガスで演っているショーも、エッセンスである。

そういう意味で言ったのだが、その私の話を襖越《ふすまご》しに今輔師匠が聞いていたらしい。で、

「私の落語は五分なんですか。たった五分ですか」

って、カン〳〵に怒ったという話を聞いた。きちんと説明すればよかったという悔《く》やみが残る。

6

7

今輔師匠の集大成は、『お婆さん三代姿』といって、明治のお婆さんが昔を語り、そしてその頃の現代《いま》を嘆き、そのあと、大正だか昭和の初期のお婆さんが、同じ形式でその頃の風潮を嘆き、そして、

「いまこの場内に来ている女性が、やがてお婆さんになったときには、何と言うんでしょうかねェ。それが楽しみでございます」

　てなことを言って下りた。

三代喋って四代目を客席に任せたのか、二代喋って三代目を客席に任せたのか、チト定かではないが、三代という題だから、ことによると三代喋ったのかも知れない。

で、お婆さんが語る現象、そして文句が一般人に判りやすい内容であり、娯楽の対象として新鮮に受け取られたのであろう。一般には今輔師匠といえば、「お婆さん」である。

　今輔師匠も「黒門町《くろもんちょう》の師匠」である。黒門町の長屋の桂文楽《かつらぶんらく》宅の四、五軒置いた斜前《はすまえ》に今輔師匠は住んでいた。その長屋を、文楽師匠は〝ああでない、こうでない〟と、近代的に、または便利に替えて住んでいたが、今輔師匠はそうでなかった。

　一緒に同志として過ごした若き林家正蔵と同じように、長屋として、噺家らしくそこに住んでいたのだろう。見たことはないが、そう思う。いや、きっとそうだ。

〝強情〟といわれ、〝頑固〟といわれた古今亭今輔、本名、鈴木《すずき》五郎《ごろう》。この師匠の頑固を支えた一家言《いっかげん》、二家言、それ〴〵理が通っていたように私には思える。

一つの例として、『野《の》ざらし』の話をしていたときに、「女が手に入ると思やァ釣りに行きますよ」と今輔師匠が言った。そのときの私は、〝あれ？　『野ざらし』をそんなふうに受け止めていたのか。何だい、一体〟と軽蔑《けいべつ》した。

けど、あとでよく考えてみりゃ、あの落語はそういっているのだ。女が釣れる、女が来る、そのために釣りに行く。文句ないのである。

そうやって、この今輔師匠が言っていることを、落語芸術協会の若手は「頑固」と言ったが、理が通っていたのだろう。いや、通っていた。

「師匠は随分モテたんでしょう」という質問に、

「モテやしませんよ。これだけ生きてりゃね、女性の三人四人、そのぐらいのことはありますよ。それをいつも喋ってるから、随分モテたように見えますが、それほどモテやしません」

この辺はいかにも〝今輔師匠らしいなあ〟〝素直でいいなあ〟と思いながら、この話が載っていた記事を読んだっけ。

今輔師匠の伜《せがれ》の鏡味《かがみ》健二郎《けんじろう》さん、私はこの人の人柄が大好きで、それを勿論健二郎さんも知っていてくれるので、仲がいい。

その健二郎さんを曲芸師にした。

「まさか、落語がこれほど隆盛になるとは思わなかった。こんなことになるんなら、落語家にすりゃあよかった」

と、今輔師匠がしみ〴〵か、ぼそりか、言ったという。その気持ち、よーく判る。

プロフィール紹介のところに「小山三」とあるが、これは「こさんざ」と読む。歌舞伎の名古屋山三《なごやさんざ》という名が社会の部分を支えていた頃なら、誰しも読めた「小山三」。これ一つをとっても時代を感じる。

この師匠、若き頃「駆け出し上戸《じょうご》」といわれ、酔うと駆け出すそうな。で電信柱がありゃあ、それに摑《つか》まりゃ済むが、それがないと、どこまでも……という噂《うわさ》話が残っていた。

「いやァ、駆け出すことで安い酒を身体全部に回すんだ」と師匠が言った、という噂も同時に残っている。

強情を通した晩年の顔はいい。好々爺《こうこうや》といっては今輔師匠に失礼になるか。〝そんなに老いてやしませんよ〟……とネ。

八代目三笑亭可楽

さんしょうてい・からく。本名・麴地元吉、一八九八（明治三一）～一九六四（昭和三九）年。一九一五（大正四）年、初代三遊亭円右に入門。七代目扇家さん馬（のちの八代目桂文治）門下に移り、扇家馬之助で真打ちに昇進する。その後、六代目春風亭柳枝門下を経て、五代目柳亭左楽門下で四〇（昭和一五）年、六代目春風亭小柳枝に。四六（昭和二一）年、八代目三笑亭可楽を襲名する。

〝苦虫《にがむし》を嚙《か》み潰《つぶ》したような顔〟とは、この師匠のためにあるような言葉であろう。けど、平凡な表現だが、田島さんが撮影した写真には、明るくて実にいい顔のものがある。

この師匠とは協会が違っていたから、寄席ではあまり会う機会はなかったが、私が東宝《とうほう》名人会へ出るようになってからは、楽屋で接する機会が増えた。

私が寄席の客として見ていた時代には、その評価は低かった。これを〝悪口〟と称《い》う。ネタは、いつも同じの『今戸焼《いまどやき》』。

その内容は、「噺家は貧乏で、セコくて、汚くて、それに比べると、歌舞伎役者はすばらしい」というもの。他の噺家もよく言ったが、つまり噺家であるということを殊更《ことさら》に卑《ひ》下《げ》した。「我々のほうは何も判《わか》りませんが」とか、「こんなことを申し上げると大変生意気ですが」とか。

実生活でも、それらに似た噺家たちの会話を聞いた。その一例として、文楽《ぶんらく》師匠がお座敷に呼ばれて、そこで働く女中さんたちのことをこう言った。

「この人たちは偉いんですからねえ。大臣なんかと平気で口をきく人たちですから」

〝冗談言うな〟と思った。で、こっちはその後、国会議員になっちゃった。

「噺家ってェと汚いように思いますが、汚かねえんですよ。毎日湯に入ってますから」

この文句《フレーズ》も『今戸焼』。

余談だが、〝毎日風呂《ふろ》へ入る〟と聞いて驚いた。

戦後、ガキだった私が入っていた湯はドラム缶風呂だった。銭湯は近所になくて、目蒲《めかま》線《せん》に乗って蒲田《かまた》や奥沢《おくさわ》に通った。めったに行けない銭湯であった。ところが噺家は〝毎日入ってる〟と言った。驚いたネ。

話を戻す。『今戸焼』の中のフレーズ。

「これ、お前さんとこの子？　えらいもの拵《こしら》えちゃったねえ。鼻が天井向いてるよ。大きくなって煙草《たばこ》ォ吸わねえほうがいいな。煙が上へ行っちゃうよ」

「大きな口だねえ、えェ？　〝物ォこぼしません〟？　なるほど……。

　ふーん、不思議な顔だねえ。どう見ても面白いって顔かねえ。大きくなったら噺家にしなよ」

　酷《ひど》い奴《やつ》があるもんで。そこへいくってェと、可愛《かわい》い子は違いますなあ。

「おたくの子、いい子だなあ、えェ？　きりっとしてて。大きくなったら、いいよォ。役者かなあ、新派かなあ。〝映画俳優のほうが出世が早いよ〟だなんて言いますな。羽子板《はごいた》にしてもそうです。菊五郎《きくごろう》と羽左衛門《うざえもん》の二人《ににん》立てはあっても、可楽と志《し》ん生《しょう》なんざァありませんで」

　これを聴いたときに、〝冗談言うな。志ん生と可楽《おまえ》を比べるな〟と思った。ま、自分で喋《しゃべ》ってるんだから大きなお世話だ。けど、どうみても無理。ギャグで言ったのだろうとは思うが、それにしても志ん生と可楽では差があった。呆《あき》れ返った。

　作品にも感心するものはあまりなかった。写真にもある『らくだ』が売り物だと言っていたが、この噺そのものがよくできている。普通に演《や》れば受ける。脅《おど》かされていた屑屋《くずや》が、酒を飲むうちに強気となり、力関係が逆転する噺だ。え？　知ってる？　そりゃそうでし

2

3

ょう。

屑屋がだん〳〵酔ってくるのだが、そのプロセスの面白さが可楽師匠にはあまりなかった。『二番煎《にばんせん》じ』もそうだ。酔っ払うプロセスはやらない。

可楽師匠は『睨《にら》み返《かえ》し』という落語を小《こ》さん師匠から教わった。小さん師匠の『睨み返し』は絶品だった。なにせ、あの顔である。三代目小さん譲りだろう。けど、小さん師匠は三代目を知らないはずだが。

それを小さんに教わり、その交換条件というか、小さん師匠は可楽師匠から『親子酒《おやこざけ》』を教わった。だが、作品の緻密《ちみつ》度が違う、演技の深さが違う。勿論《もちろん》、小さんが数段上である。

一度、前座の頃、可楽師匠にお茶をご馳走《ちそう》になった。「まだ〳〵修業が足りません。下手です。文楽さんと違ってね」てなことを言っていた。どちらかというとお山の大将、一人天下みたいだった可楽師匠に、こういう部分があったのかと驚いた。

場合によっちゃあ卑下とも聞こえる、弱音とも聞こえることを「柳家《やなぎや》小《こ》よし」と称《い》った前座の私に言った。協会が違う故《ゆえ》に言いやすかったのか。意外だった。

可楽師匠が受けたのは、柳朝《りゅうちょう》もそうだったが、ギャグを即《そく》ぶつけてくるという手法だ。

そこには、ギャグを言う心情や〝間《ま》〟はない。

『三方一両損《さんぼういちりょうぞん》』、喧嘩《けんか》の様子を伝えるところで、

「向こうがパッと殴ってきたから、パッと受けた」

「どこで」

「おでこで」

「バカヤロ」

となって、

「だから、つまり、そのー……おでこで」

という間《ま》のやりとりは、可楽師匠は演らなかった。いや、できなかったのかも知れない。

舌っ足らずでもあったし。

「手前《てめ》えは誰だ」

「金太郎ってンだ」

「金太郎にしちゃあ赤くねえな」

「まだ茹《う》でてねえんだ」

「生《なま》で持ってきやがった」

ボン〳〵ボーンとぶつけてくる。

5

売れない時代が長かった。「柳楽《りゅうらく》」と称していたその時代は、志ん生の売れなかった時代と似たり寄ったりであったろう。どこか性格も似てるのか。つまり、社交的でないし。世辞《せじ》愛嬌《あいきょう》をあまり言えない。酒ェ飲むのも、好きなときに自分だけで、または好きな相手とだけ飲みたい。そんな師匠だと想像できた。ま、これは当時、遠くから見ていた私《ガキ》の感想にすぎないが。

ちなみに、可楽師匠の先代は「玉井《たまい》の可楽」と呼ばれていて、三代目小さんの「影《かげ》っ法《ぼ》師《し》」といわれた噺家である。安藤鶴夫《あんどうつるお》が持ち上げて「最後の名人」とまで称《い》ったが、やはり売れなかった。

「判る人にだけ判りゃあいいんですよ」と言ってたそうだ。

可楽師匠に話を戻すと、晩年になって花が咲いたというが、野草の如《ごと》きであった。芸風が具体的にいうと桔梗《ききょう》。その程度の咲き方であって、桜でもなし、梅でもなし、勿論、ダリヤでもチューリップでもなかった。

にもかかわらず人気があったのは、感情注入の浅さや拙《つたな》さ、舌っ足らず、逆にそれらが魅力になったのか。

可楽師匠の売り物は、毎度演っていた『今戸焼』のほかに、『反魂香《はんごんこう》』『笠碁《かさご》』『甲府《こうふ》い』

『らくだ』『二番煎じ』。これらが十八番とされていた。で、写真の1〜3は『反魂香』ではないか。

けど、その頃の五人衆、文楽、志ん生、円生《えんしょう》、三木助《みきすけ》、小さん。これらを俗な言葉で「本格」というと、可楽は「本格ではない」ということになっていて、それは正蔵《しょうぞう》師匠にもいえたし、柳枝《りゅうし》師匠もその部類に入れられていた。

ＴＢＳが専属制度を始めたときに、その道の通人《つうじん》であり、指導者であり、プロデューサーであった故出口《でぐち》一雄《かずお》氏は、その五人（三木助はＮＨＫにレギュラー出演していたので除かれた）に、昔々亭桃太郎《せきせきていももたろう》、春風亭柳好《しゅんぷうていりゅうこう》、あとへきて、桂右女助《かつらうめすけ》、三遊亭円遊《さんゆうていえんゆう》を加えた。つまり、「娯楽品」ともいうべき人たちも集めた。ついでに、若き才人桂小金治《かつらこきんじ》も。後に正蔵も入ったか……。つまりネタの多さ、変わった噺をする、という理由だったろう。

その後、遅ればせながら、文化放送が、またはニッポン放送が専属制度を始めた。文化放送は、今輔《いますけ》、可楽を専属にした。これらは、悪くいやァ売れ残り。ＴＢＳの一流に対して、二流と判断されていた人たちであった。

で、可楽師匠、文化放送の専属となり、ネタを掘り出してこなきゃならない状況となったのであろう。あまり高座にかけてないネタを演じた。曰《いわ》ク『うどん屋』なぞは結構なものだった。

それを〝よかった〟と感じたのは何なんだろう。珍しかったのか。〝あの可楽が、ここまで演れた〟と思ったのか。諸々《もろもろ》が重なり合って〝可楽を見直した〟ということがある。

放送局の人が、「可楽師匠、きょうは出演料《ギャラ》が出ませんで、あとで送ります」と言ったら、可楽師匠、「冗談じゃない、何言ってんだ」。

我々の言葉でいうと「カンスケ」。カン〳〵になって怒ったのを見て、〝出ないっていうんじゃなくて、送るっていうんだからいいじゃないの。何なんだろう、おかしいよ〟と奇異に感じたことを覚えている。


クラリネット奏者の北村英治《きたむらえいじ》さんは可楽を愛する。ついでにいうと、ジャズメンには、落語家の中で可楽を一番に挙げる人が多い。で、北村さん。

「北村さん、可楽のどこがいいんですか」

「すごいフレーズだ」

音楽家らしい言い方だ。

「すごいフレーズがあるよ。『子別《こわか》れ』でねェ、

〝先《せん》の女房はお前さんには過《す》ぎ者《もん》だったね〟

〝大家さん、亭主に過ぎる女房なんていませんよ〟

このフレーズですよ、談志さん」

ハハァー、そうかと思ったネ。

そういう取り方をした北村さんも深いし、そういう部分に気がつかなかった私は迂闊《うかつ》だった。つまり、〝可楽からはフレーズを取り上げればよかったのか〟という反省をしたもんだ。

可楽師匠がトリで、終演《ハネ》た。客を送るために幕をしばらく閉めずにおくという習慣があった頃だ。客席から一人の男性が、高座の可楽師匠に何か言っている。〝へいへい〟とばかりに頭を下げてた可楽師匠。

楽屋で見ていた若者たちは、その中に夢楽《むらく》もいたろう。待てよ、夢楽から聞いた話かもしれない。ちなみに、夢楽、若い頃はあんなに上手《うま》かったのに、何でああいう状況になったのか、これまた不思議だ。

話が横にそれたが、その夢楽たちが、

「師匠、頭下げてるよ。これからちょっと何処《どこ》そこへ来い、一杯やろう、てなもんだろう」

そこへ、可楽師匠が下りてきた。

7

「師匠、何ですか？　あのお客さん、これから何処かで一杯やるってことですか」

可楽、ボソリと一言、

「大岡越前守《おおおかえちぜんのかみ》が腕時計してちゃいけねえってさ」

つまり『三方一両損』を演るのに、腕時計をして喋っていたのだ。ということは、その日だけじゃない。そういう配慮がなかった。

伝統を大事にして、できるだけ現代語すら使わない配慮もした「本格」の芸人たち。それに比べると、あまりにも迂闊な落語に対する姿勢であったと、このエピソードから思った。

その無頓着《むとんちゃく》さ故《ゆえ》に深さが出せず、可楽そのものとなってファンの耳に焼きついた。結果、〝何といっても可楽だ〟という称賛になっていったのかも知れない。いや、なっていったのである。

可楽の話は結城《ゆうき》昌治《しょうじ》の『志《し》ん生一代《しょういちだい》』のなかで、仲間、つまり売れない噺家仲間の一人として描かれている。その仲間とは、金原亭《きんげんてい》、いや金原《かねはら》か、私のチト先輩で早死にした馬《うま》の助《すけ》の前の、通称「ゲロ万《まん》」といわれた馬の助。汚い話だが、反吐《へど》を吐く名人（？）といわれた馬の助、そして可楽。若き正蔵はどうだったか。お暇な人は一読をどうぞ。

8

9

同じ貧乏噺家でも、一脈違う貧乏だったように思える。それは解《わか》りやすくいうと「ヒネクレ貧乏」ともいえる。

10

11

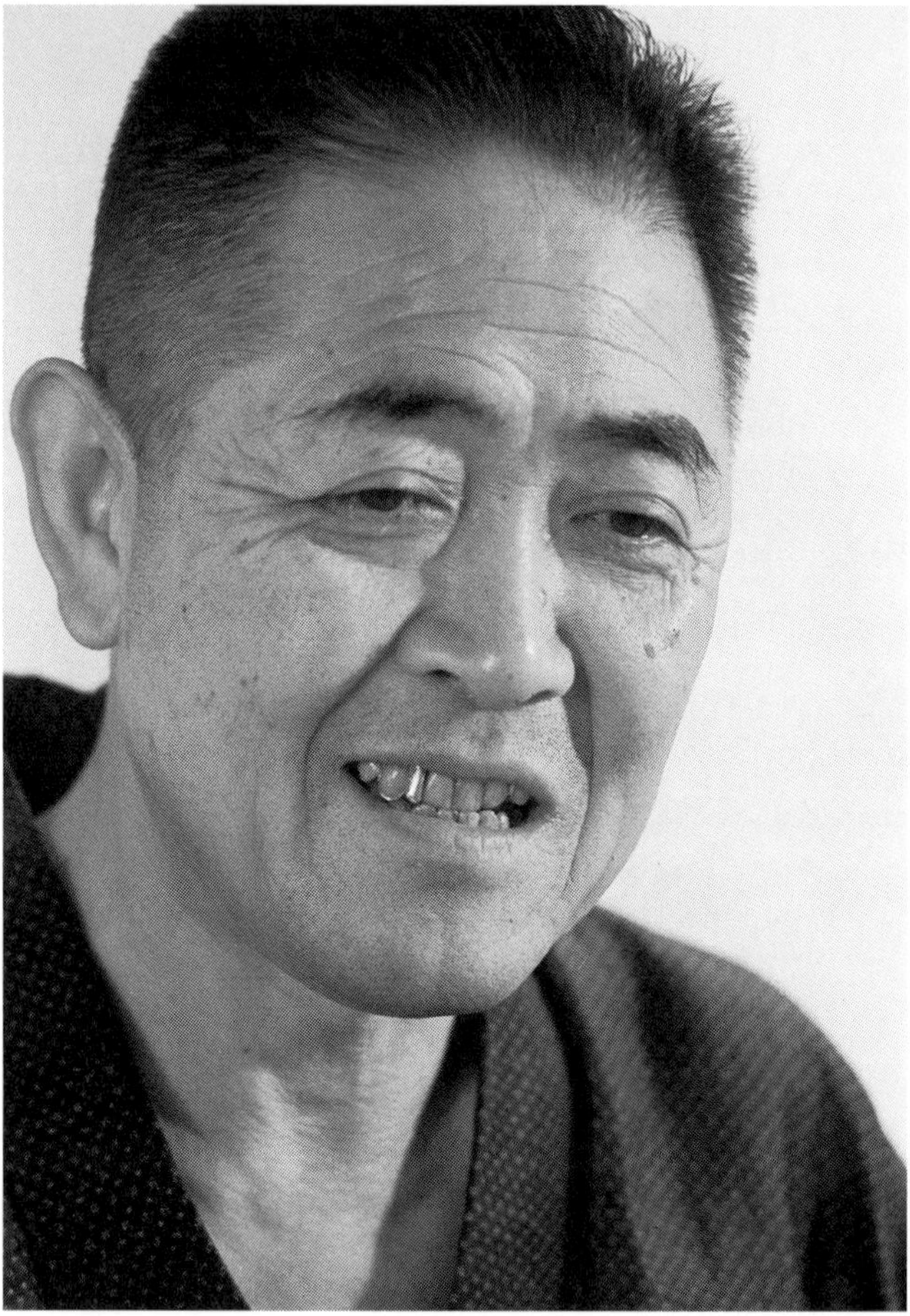

13

14

四代目三遊亭円馬

さんゆうてい・えんば。本名・森田彦太郎、一八九九（明治三二）～一九八四（昭和五九）年。落語家の父のもとで修業に入る。その後、大阪の桂文三門下、二代目三遊亭円馬門下を経て、三代目三遊亭円馬門下となる。三代目円馬の病を機に東京に戻り、一九四七（昭和二二）年、四代目三遊亭円馬を襲名する。

大阪で「小円馬《こえんば》」、若手として売れたと聞く。「円馬」と名乗るのは円馬の弟子だからである。三代目円馬。文楽《ぶんらく》師匠がこよなく惚《ほ》れ、スケールの大きな噺家で、東京から大阪へ行って、その生涯を閉じた。

三代目円馬には、後の大師匠たちが皆稽古《けいこ》をしてもらったという。三遊亭金馬《きんば》、四代目小さん、そして桂文楽。大阪へ行くと文楽は、楽屋と円馬宅へ通うその道しか通らなかった、ほかの道を知らなかった、と言っていた。

ある人に言われたという。

「おい、文楽さん、円馬師匠ンとこへ行ったら、『鰻《うなぎ》の幇間《たいこ》』を習ってきなよ」

「へい」

で、円馬師匠に、

「『鰻の幇間』を教えていただきたいんですが」

「難しいぞ」と言われたそうな。

この三代目は、大阪弁と東京弁の両方を喋《しゃべ》れた。で、「師匠の大阪弁はすごく上手《うま》いですね」と言われ、「むしろ東京弁を褒《ほ》めてくれ」と言ったという。

大阪が根本で、溜飲《りゅういん》の下がるような江戸弁の啖呵《たんか》、東京が従だったということだ。けど、〝とてもそうは思えない。むしろ大阪弁が従のはずだ〟と、当時の噺家の多くが思っていたという。凄《すさ》まじく深い話芸の持ち主であったのだろう。

で、この写真、弟子となった小円馬、つまり四代目の円馬。売れてたようだ。現に吉本《よしもと》の昭和の初期、または大正の終わりあたりまで、そこ〳〵寄席に小円馬で出ている。

だが、私がガキだった頃聴いた円馬、この師匠は、一体何なんだろう。

「えェ？　アイ、だろう、うん」ってね、文字ではちょっと表現しにくいが、何とも不思議な声音《こわね》で妙な間《ま》なのだ。で、内容はつまらない。

『須磨《すま》の浦風《うらかぜ》』という落語を聴いた。短い噺だが、その須磨の海の風、それを江戸へ持ってくる。と、匂《にお》いが変わっちゃう。で、落《さ》げは〝風が腐ったのです〟。

何じゃいな、こりゃ。そういう落語なのだろうが、それを演《や》る神経というのが、いやはや、どうも。

それでも芸術協会の幹部であり、トリをとった。そして悪くいやァ、踊りでごまかした。袴《はかま》の似合う師匠であり、色男だから絵になった。けど、何度もいうが、〝一体何なんだ〟。

『四人癖《よにんぐせ》』も、柳枝《りゅうし》師匠のほうが面白かった。

『次《つぎ》の御用日《ごようび》』という大阪落語があり、いまだに演る若手もいるが、何だか判《わか》らなかった。

〝判らなかった〟というのは、私が聴き込もうとしなかったのか。

持ちネタには『なめる』『湯屋番《ゆやばん》』『花見酒《はなみざけ》』等々あるが、『掛取万歳《かけとりまんざい》』などは芝居の心得もあったろうから上手くできたはずだが、聴いたことはない。

川戸貞吉《かわどさだきち》が言ってたっけ。ふざけて、円馬師匠の録音を速めて聴いてみたらしい。「これが名人になっちゃうんだよ」と、驚いてた。

円馬師匠がトリをとったあとのお景物《けいぶつ》に、芝居を演ったことがある。寄席の高座がそのまま芝居の舞台になる。これが売り物で、ネタはいろ〱あるが、私が観《み》たのは『よいよいの馬《うま》さん』。

円遊師匠が高座で喋ってるところへ「よいよい」、いまで言う「中気《ちゅうき》」。いまでは中気ともいうまい。何か病名があるはず。ま、いいか。

「中気」の人が来て声高《こわだか》に喋る。高座の円遊師匠は、それにつられてトチッたりする笑いがある。その『よいよいの馬さん』、この芝居は面白かった。

その芝居ができる円馬師匠と、「えェ、ああ、なに、それ」なんという喋り方と、えらい差を感じるのだ。

もっというと、〝え？　これが『干物箱《ひものばこ》』？〟〝これが『湯屋番』？〟。この言い方、酷《ひど》すぎるが、そのぐらいに感じた摩訶不思議《まかふしぎ》な芸風でありました。

私も前座のときに演ったことがあるが、『棒屋《ぼうや》』という噺がある。ちなみに、これを改作して『提灯屋《ちょうちんや》』にしたのが四代目小さんと聞いた。『提灯屋』は面白い。よくできている。

で、『棒屋』、無理なこじつけである。

「びん棒はあるか」

大きな棒を持ってきて、

「〝びん棒の棒も次第に太くなり、振り回されぬ年の暮れかな〟というくらいですから、この太くて長い大きな棒」

面白くも何ともない。でも、どういうわけだか、前座の頃に私は演ったのだ。ネタを多く見せるための一つの方法だった。

一度、三遊亭円馬の噺を、聴いてみたらいい。くどいようだが、「えェ？　ああ、ナニ、知らない、それ」と、こういう感じなのだ。

いってみれば、奇声を発しているわけだが、それを楽屋では、特に芸術協会の若手が何ぞてェと真似《まね》をしたもので、「えェ、ああ、だァから、それ」てなことを言って。普通の会話の中にも、それらを入れて遊んでた。

〝個性が強い〟というのだろうか。その個性なるものはあまり落語に、いや、全然、全く落語に向いてなかったように思える。しかし、そういう芸風を含めて、

〝寄席の幅が広かった〟

この言い方、どんなものか。

ただ、人間としては、優しく、文句のない人物とも聞いた。

四代目三遊亭円遊

さんゆうてい・えんゆう。本名・加藤勇、一九〇二（明治三五）～八四（昭和五九）年。一九二二（大正一一）年、六代目雷門助六に入門。二六（大正一五）年、六代目都家歌六を襲名し、真打ちに。一時、幇間となるが、戦争の勃発によって職を失い、落語界に戻る。一九四六（昭和二一）年、四代目三遊亭円遊を襲名する。

幇間《たいこもち》上がりだから、明るいの何の。余興に演《や》る芸も面白かった。例えば「ロセン」。判《わか》る人は判るワネ～。男性そのものの符丁《ふちょう》、楽屋言葉である。

座敷へ出てきて、

「きょうはひとつ、ロセンでこの手《て》拭《ぬぐ》いをひょいと放って肩に掛けますから」

なんぞと、さんざっぱら能書きをこく。これが可笑《おか》しい。落《さ》げは、

「きょうはちょっと調子が悪いな」

これだけなのだ。

顔つきもいい。『長屋《ながや》の花見《はなみ》』なぞは円遊師匠向きの噺《はなし》で、〝『長屋の花見』は、誰のが一番いいのか〟と問われれば、〝小《こ》さん師匠よりも円遊師匠だ〟と私は答えるし、それに同調する落語通も多くいるだろう。

いい加減な部分もあり、『代脈《だいみゃく》』を『代診《だいしん》』にして、人力車《じんりきしゃ》へ乗せて、乗せられた奴《の》が、〽俥屋《くるまや》の気持ちはよくわかる……と、『リンゴの唄《うた》』の替《か》え唄を唄ったり。

『長屋の算術《さんじゅつ》』なんという愚にもつかない噺もあった。新作にもなっていない。旧作の言葉をただ置きかえただけ。なんぞと書いても判らないかも知れないが、つまりは、いい加減。

もっとも、これらのスタイルは、ほかの噺家にも多くあり、〝何だい、この噺は〟てなもんでネ。

大阪の『崇禅寺馬場《そうぜんじばば》』という噺を東京流に替えて、『鈴《すず》が森《もり》』。追《お》い剝《は》ぎが逆にやられる。

「ここは崇禅寺馬場や」と言う。つまり、そういう曰《いわ》くのある場所ということだった。

『崇禅寺馬場』は大阪だから、東京では『鈴が森』となる。けど、崇禅寺馬場はそういう昔の実話があった場所だが、鈴が森にはそれはない。つまり無理である。

で、その最後に、

〝二尺《しゃく》八寸段平物《すんだんびらもの》を〟と、こう言うところを、

「二尺七寸段平物を」

「おい、一寸足らないよ」

「ええ、一寸は先が折れてました」

　何です、こりゃ。

　といいながら、実は私は、『鈴が森』も『長屋の算術』も『代診』も円遊師匠に教わった。というよりも、〝稽古《けいこ》に行ったら教えられちゃった〟ということだ。しょうがないから聴いていたが、演るわけがない。いや、一、二回演ったかなァ。けど流石《さすが》に『代診』はできなかった。

　若くても立川談志、その頃はまだ前座だったが、そのぐらいの判断はできた。

　円遊師匠の元弟子で、私と同期だった都家歌六《みやこやうたろく》。今はバイオリンを弾いている、いや、鋸《のこぎり》を弾いている。落語のコレクターとしても超一流である。

　彼が女房を結婚前に連れて師匠ンとこへ挨拶《あいさつ》に行ったとき、二人の前で、「もうカイたのかい」。「こういうこと言われちゃあ、堪《たま》らないよォ」と歌六。いや、当時は「万遊《まんゆう》」か。

　その話を聞いたとき、嫌《や》な話だなと思った。芸人として何気なく言ってるのだろうが、一般社会との差がそこにはある。言っちゃあいけないことでも、面白い、洒落《しゃれ》てる、ば

か〳〵しいってンならともかく、私は嫌だ。

何がいいたいのかというと、この師匠、その違いが判っていなかったのだろう。悪くいやァ無知である。

私が参議院議員選挙に当選したとき、円遊師匠、東宝《とうほう》演芸場の楽屋で私の手を握って、

「嬉《うれ》しいよ。我々の中から議員が生まれたなんという。ほんとに嬉しいよ」

涙を流してくれた。

芸人は、噺家は、己《おのれ》を卑下《ひげ》する。一人前の人間であり、芸人であり、客に支持されてるんだというプライドはある。しかし、〝それは出してはいけないんだ。芸人なんだから、まして噺家だし〟と教育されて生きてきたためか。それを私が破ったのが、嬉しかったのだろう。

そのとき私にも、〝喜んでくれて、ああ、よかったなあ〟というごく平凡な感情が生まれた。

「え、どうも師匠ありがとうございました」

とだけ言ったたっけ。

現代《いま》もそうだが、噺家には、そこにある噺を唯《ただ》演っている奴《やつ》がゴマンといる。いや、ほとんどがそうだ。当然家元《わたし》の弟子にも多くいる。立川流を作ったあとにも、そういう奴が沢山《たくさん》いる。

と同様で、その昔もそういう噺家はいた。いや、ほとんどがそうか。でも、なかにゃ、そのコトそのモノが面白い噺家が出てくる。円遊師匠もその珍しい一人のようにも思える。ただし、噺や枕《まくら》などでは、〝この人、一体何を言っているのか〟と思うことの多さ。

でも面白いのがありゃ、それでいいとするかあ。『幇間腹《たいこばら》』『お見立《みた》て』等々、結構あるしネ。

二代目桂枝太郎

かつら・えだたろう。本名・池田芳次郎、一八九五（明治二八）〜一九七八（昭和五三）年。一九一七（大正六）年、三代目古今亭今輔に入門するがまもなく廃業し、相場師を目指す。二四（大正一三）年に復帰し、六代目雷門助六門下、六代目春風亭柳枝門下を経て桂小文治門下となり、初代小金治を名乗る。四三（昭和一八）年、二代目桂枝太郎を襲名し、真打ちに昇進する。

一口にいうと、〝この師匠はモテすぎた〟。で、〝そのほうが主《しゅ》〟といってはおかしいが、モテて流され、人間らしく、いや、芸人らしく、人生をその流れに託した。その暮らしが主となり、寄席務め、その前にある修業、それらを怠ったのではないだろうか。

私が聴いた後年の枝太郎師匠、まだ元気は残っていたろう。だが、あまり好きな芸人ではなかった。

その理由は、古典落語を好んだ私。勿論《もちろん》、楽しき新作は、特に〝ナンセンスはその義に

1

非《あら》ズ〟ではあったが、枝太郎師匠は、「漫談」とその頃称《い》った世間噺《せけんばなし》が主であり、その世間噺の捉《とら》え方が、その頃の時代に合わせても、曰《いわ》ク、オールドタイマーに感じたのは私だけではないと思う。

つまり、〝古臭くなった新作〟を語る師匠であった。または、「たいらばやしかひらりんか」という、その程度の落語を語っていた。

例えば『子別《こわか》れ』である。その『子別れ』を『子故《こゆえ》の春《はる》』と改作した。子供に会いに、なんとオートバイに乗ってくるのだ。この現代性というか、アナクロニズムが嫌だった。

ほかに『石鹼《せっけん》』。これは円歌師匠も演じていたが、腐った豆腐を無理して食う『酢豆腐《すどうふ》』の改作である。その腐った豆腐の代わりに石鹼だ。

それまで湯屋で体を洗うときには、糠袋《ぬかぶくろ》を使ってきた。そこへ、〝石鹼〟という新しいものが入ってきた。で、知ったかぶりの粋《いき》がった若旦那《わかだんな》に、石鹼を食べ物と称して食べさせようと一座で仕組む。で、「泡を吹いてやがる」とか、そういうギャグ。とても聴いてられるものではなかった。

この種の、〝新しいものを取り入れているつもりがアナクロニズム〟というのは、何も枝太郎師匠ばかりに非ズで、下手ァすると、ありとあらゆる師匠に見られた。よほど古典

一筋でない限り、当時はそうなってしまったのか。〝新しがって現代を語ろう〟とし、それが故にアナクロになってしまった芸人、またネタ、そのケースは山の如《ごと》くあった。

現代にも山のようにいる、と聞く。もはやベテランとなった古典落語の連中はほとんどコレであろう。

そういや、『浮世根問《うきよねどい》』の改作で、『地球の裏表』なんというネタも演《や》ったっけ。

この師匠、中学まで行った。戦前の話だから、当時としちゃあ学歴があったほう。ましてや噺家じゃあ最高である。で、戦争に行った。そうか。戦前だったら、師匠の噺はアナクロニズムではなかったのか。それなら、〝ナンセンス〟として受けていたのも判《わか》る。

別の見方をすれば、そのアナクロといえるような噺でも、当時の寄席の客は、文句も言わずに笑っていたということだ。

文楽《ぶんらく》だ、志《し》ん生《しょう》だといっても、寄席でいつも名作や十八番を演るわけではなかったし。高座に出てくると、尻《しり》の穴を覗《のぞ》いていた志ん生、つまり『義眼《ぎがん》』。文楽師匠はそこ〳〵演っていたが、やれ『明烏《あけがらす》』の、やれ『つるつる』の、『素人鰻《しろうとうなぎ》』なんという大きな噺ではなく、『厄払《やくばら》い』『癇癪《かんしゃく》』『馬《うま》の毛《す》』などで高座を務めていたように思う。いや、いたはずである。

3

4

師匠は「幹部」という名の落語家の一人ではあったけれども、人気は大したことはなかった。けど、弟子は多く、師匠には、悪くいえば「中途半端な知性」があって、そこに弟子が寄ってきたのか。

その弟子の一人が、〝チュウジ〟と、国定忠次《くにさだちゅうじ》をもじって呼ばれていた。何と称《い》ったか、総領弟子《そうりょうでし》になるのか。その頃、我々から見て〝中年〟と感じた、いわゆる〝いい歳《とし》の前座〟だった。字が上手《うま》かった。ちなみに、枝太郎師匠の弟子は皆字が上手い。

で、その弟子たちを見て、〝枝太郎師匠の弟子ンなって、いいのかな〟てなもんだったが、その考えは幼かった、浅かったと、いまは思う。枝太郎師匠を選んだ弟子たちは、別の見方をしていたのかも知れない。

もっと聴くべきであったと気がついたときは、晩年である。私が一人前になって、その存在を枝太郎師匠が認めてくれてからだった。私は〝老人キラー〟と呼ばれていて、師匠たちの懐《ふところ》にこちらから入っていった。師匠は若い私から、〝現代〟を吸収しようとしていたように思う。

簡単にいえば、枝太郎師匠を見損《みそこ》なっていたということだ。明治、大正、昭和へと移って、「秋葉《あきば》の原《はら》」が「秋葉《あきば》っ原《ばら》」になり、「秋葉原《あきばはら》」から「秋葉原《あきはばら》」になっていく。それら江戸の名残《なごり》と東京の記憶を語った枝太郎師匠の漫談、昔話等は、もっと聴いとけばよかった。後の祭り、である。私と話が合った、その会話は、正《まさ》に現代であった。

私は何度もいう通り「コレクター」の部分が多々ある。ならば、何で聴いておかなかったのか。それが自由にできたのに、落語家として同じ場所にいたのに、悔《く》やまれる。

聴かなかった理由の一つに、立川談志が売れていた、売れまくっていたということがある。言い訳だが、時間がなかったのだ。仕事に酒に女性に……。痛恨《つうこん》である。

この本、全部にいえる。少ない想い出なのだ。浅いエピソードなのである。

枝太郎師匠は私にとって、心の許し合えた兄貴だった。生意気だが、そう思っていた。

七代目春風亭小柳枝

しゅんぷうてい・こりゅうし。本名・染谷晴三郎、一九二二（大正一〇）～六二（昭和三七）年。一九三七（昭和一二）年ごろ、七代目林家正蔵に入門。六代目春風亭柳橋門下に移り、七代目春風亭小柳枝を襲名し、真打ちに昇進する。


色川武大《いろかわたけひろ》の兄《アニ》ィが言った。

「正太郎《しょうたろう》は売れないだろうネ」

「いや哥《アニ》さん、売れてますよ。いいですよォ。唄《うた》い調子《ぢょうし》で『赤飯《こわめし》の女郎買い《あそび》』『野《の》ざらし』なんか、いい調子だし、声がいいし……」

「そォ……。よかったなァ……」

と、しみ〴〵言った色川センセイ、この人とはお互いに「アニさん」と呼《い》っていた間柄である。

1

林家正蔵《はやしやしょうぞう》（三平《さんぺい》の父）門下の戦中からの弟子で、「正太郎」。その後、柳橋《りゅうきょう》門下になり小柳枝、その本名から「染谷《そめや》の小柳枝」と呼ばれた。

軽い調子でいいのだ。妙に張らないのである。〝スーッ〟といって、〝失礼しました〟である。

この人から私は、『弥次郎《やじろう》』の演じ方を盗んだ。いや教えられた。〝こうなんだ〟とネ。

この写真は、TBSの専属となり、生活も豊かになった頃の若き姿である。

楽屋雀《がくやすずめ》の悪口に、

「糖尿と結核じゃあ保《も》たないよ。片ァ食っちゃいけねえ病で、もう一方は食わなきゃダメだし。参っちゃうよ」

噺家ァ口が悪い。他の噺家が死んで泣いていたのを見たことがない。ま、職業柄か。

結果、小柳枝は、四十《しじゅう》歳ちょいで死んだ。

他にも若手噺家はいた。芸術協会に多く、米丸《よねまる》、寿輔《じゅすけ》。おっとその前に戦中派で鶯春《おうしゅん》亭梅橋《ていばいきょう》は、作家都筑道夫《つづきみちお》の実兄で、新作を多く創《つく》った。志《し》ん生《しょう》門下から柳橋門に移り、これも結核で戦後まもなく没した。

伸治《しんじ》、柳昇《りゅうしょう》、小金治《こきんじ》、小円馬《こえんば》、小柳《こりゅう》、夢楽《むらく》、延輔《のぶすけ》、今日輔《きょうすけ》、笑好《しょうこう》、三多吉《みたきち》、そして若き歌丸《うたまる》も今児《いまじ》と称《い》った。

落語協会には、正二郎《しょうじろう》、今松《いままつ》、三平《さんぺい》、歌扇《かせん》、歌奴《うたやっこ》、馬次《うまじ》、正太《しょうた》、小春《こはる》、そして「小《こ》よし」の私。

ま、ざっとこんなところ、この程度の噺家の数であった。おっと今児から喜円遊《きえんゆう》、枝葉《しよう》になって辞めたのがいた。

他に、東宝《とうほう》名人会所属の金馬《きんば》門下の金太郎《きんたろう》、小金馬《こきんば》。

いまは繁盛というか、数だけでいったら東西合わせて何百人だろう。

あの頃はたったの十二、三人ではなかったか。

嗚呼《ああ》……懐かしき頃よ。

この人もあまり落語のことなぞ考えず、噺家人生をフワ〳〵送っている間に一つの己《おのれ》の芸風を摑《つか》んだ部類ではなかったか。

もっとも、あまりその頃は家元みたいに芸論なんてしなかったようだ。そんな野暮《やぼ》な風潮はなかったのだろう。たとえあっても円生《えんしょう》師匠の如《ごと》く、四代目小《こ》さんの如く、己との葛藤《かっとう》か。いや、小さんに三木助《みきすけ》に、もっというと志ん生にもあったろう。

けど、それらを感じさせない噺家も多くいた。いや、そのほうが多く見えた。この本の写真から、その両面が私には見える。

昔々亭桃太郎

せきせきてい・ももたろう。本名・山下喜久雄、一九一〇（明治四三）～七〇（昭和四五）年。一九二七（昭和二）年、落語家となる。その後、四代目柳家小さんの門下に入り、三二（昭和七）年から昔々亭桃太郎を名乗る。戦前に新作で人気を博するが、出征によって休業を余儀なくされる。復員が遅れたこともあり、戦後は人気を回復することができずに終わった。柳家金語楼の実弟。

知る人ぞ知る、柳家金語楼《やなぎやきんごろう》の実弟である。何となく似ていた。明るくてネ。

だが、戦争から帰ってきた桃太郎師匠、不遇な時代があったと、色川武大《いろかわたけひろ》氏の本には書いてある。神楽坂《かぐらざか》の魚屋で、「魚ァ、半《はん》身おくれよ」。〝半身〟というのは、恥ずかしい行為であったが、金がなきゃしょうがない。

で、桃太郎師匠が言ったのか、魚屋が言ったのか忘れたが、「魚の形見《かた》分けかね」と、ぼそっと言ったのを見てたのが色川の兄《アニ》ィ。〝寂しいなあ〟と感じたと、兄ィの本に書いてあった。

「兄さん、売れたよ、桃太郎が」

「あ、そォー。よかったなあ」

「小柳枝《こりゅうし》もね」

「あ、そォー」

と、言ってくれたっけ。

それにしても懐かしい。

〽桃太郎さん、桃太郎さん、お腰につけた吉備団子《きびだんご》……で上がってくると、開口一番、満面に笑《え》みを浮かべて、

「桃太郎さんでございます」

これで場内を、ひっさらっていた。

演《や》っていたのは、易《やさ》しい落語といえば易しい落語、誰しも判《わか》る落語であったが、口調にメリハリがあった。

復員が遅れた師匠、戦場からなか〳〵帰ってこられず、雪の荒野を『三人旅《さんにんたび》』、いや、『二人旅《ににんたび》』か、それらを喋《しゃべ》りながらどれほど歩いたか。その落語に対する執着が、桃太郎

師匠を生きて帰してくれた、と聞く。

戦争が終わって、混沌《こんとん》とした日本に笑いを振りまいていたのが、三遊亭歌笑《さんゆうていかしょう》。

「我、たらちねの体内を出世《いで》しときは紅顔可憐《こうがんかれん》な美少年なりしが、世の変転につれて我が容貌《ようぼう》も一変し、鶏《にわとり》、我が顔を見て、コッケイ、コッケイと鳴きぬ……」

といった、あの『純情詩集《じゅんじょうししゅう》』の歌笑。

この売れてた歌笑が、

「え？　桃太郎師匠が復員してくる、帰ってくる？　ああ、もう俺はダメだ」

と言ったという。

戦争に行く前に桃太郎師匠が創《つく》った新作。桃太郎師匠がいないあいだに、これを改作して受けていたのが歌笑。帰国した高座の桃太郎の喋りを聴けば、「何だ、桃太郎の真似《まね》だったんじゃあないか」と言われるだろう。歌笑の心配はそこにあった。が、結果は逆に出て〝なんだ歌笑のマネかァ〟。で、売れずの頃の色川話となるのだろう。

後年、新東宝あたりの映画の端役《はやく》で泥棒になって逃げたりしているのを見たとき、生活もあろうし、芸術協会との軋轢《あつれき》もあろうが、〝寄席に出ていてほしいなあ〟と、ガキ心に素直に思った。

　ある日、弟を連れて人形《にんぎょう》町《ちょう》末広《すえひろ》へ行った。正月であった。桃太郎が出てきて、『落語学校』を演った。こっちもまだ中学生ではあったが、好みは激しいけど桃太郎、その面白さったらなかった。

「先生、だいぶ控え室に患者が固まりました」

「そうか。じゃ、そろ〳〵溶かすか」

引っくり返って笑った人形町末広の初席《はっせき》、雨の夜だった。そういや、客を送り出すとき、夢楽《むらく》、小金治《こきんじ》、小柳《こりゅう》らが楽屋で囃子《はやし》を鳴らしていた。この人たちは、のちの落語界を背負って立つ人たちなんだろう、と思ったっけ。

　落語学校だから、女性にも落語を教える。

「〝この帽子はドイツのだ？〟〝オランダ〟

　これはどうです？

　あ、そうですか。さいでございますか」

「〝このお帽子は、おドイツさまのですか？〟〝私《おらん》のですワ〟」

「それじゃ落語ンならない。〝この帽子はドイツんですか？〟」

「あ、そうですか。〝この帽子はドイツんですか？　オランですか？〟」

「〝オランですか？〟じゃ困ります」

細かいところは違うかも知れないが、ま、こういうやりとり。

職人の番だ。

「えー、では、こんな噺《はなし》はどうですか。向こうから清兵衛《せいべえ》さんが来て、こっちからも清兵衛さんが来て、二人がぶつかって喧嘩《けんか》ンなった。で両方にコブができた。それを止めて〝喧嘩両清兵衛〟。五分五分《こぶこぶ》の別れであった……」

「さあ、どうぞ」

「あらァー面白いね。演りますよ、いいネ、さァ来い」

「さァ来い……？」

「何だァ、あっちから清兵衛さんが来た。こっちからも清兵衛さんが来るよ。そうするってえと、ぶつかった、大喧嘩、〝さァ殺せえ〟……」

「そんなことは言わないよ」

『お好み床《どこ》』。お客は曲を言って、その通りに剃《す》っていく。やれ「ルンバで剃ってくれ」の、「タンゴで剃ってくれ」の、「ワルツで剃ってくれ」のと言うと、「クイック、クイック、スロー」「あ、スローだネ」。

極《ごく》くだらないのだが、面白かった。

二本指を立てているこの写真で判るように、はっきりしていて判りやすい落語を演じてくれた人であった。

昔々亭桃太郎、戦後はあちらこちらの地方を回り、金語楼劇団に入り、そして新東宝に入り、そして寄席に入ってきた。したがって楽屋でも、ベテランなのに外様《とざま》のような感じがあった。

けど、桃太郎の『落語学校』、そして人形町末広で若手の囃子を聴きながら弟と帰った冬の夜は、生涯忘れない。で、今、『落語学校』の台本は我が家にある。

林家三平

はやしや・さんぺい。本名・海老名栄三郎（のち泰一郎）、一九二五（大正一四）～八〇（昭和五五）年。一九四七（昭和二二）年、実父である七代目林家正蔵に入門。正蔵没後は月の家円鏡（のちの七代目橘家円蔵）門下に移る。五八（昭和三三）年、真打ちに昇進する。二つ目時代からテレビに出演し、人気者となる。九代目林家正蔵（前名・こぶ平）と林家いっ平〔のちの二代目三平〕の実父。

「若き日の高座姿」。これでいいでしょう。三平、三平、サンペー。

「大変なんですよ、もォー。ほんとなんですから、もォー、世の中ってのは、もォー凄《すご》いですよ、もォー。うちの隣のよし子さんなんぞ、〽よしこさん、こっち向いて、いいじゃないのさァ……」

立ち上がって歌ったり、いやはや。

最初のうちは破廉恥《はれんち》以外の何物でもなかった。人のネタでも勝手に使う。〝受けりゃあ

常陸紡績株
山一綿

いい〟というんで一席（?）全部、それだった。我々の最も忌《い》み嫌う「摑《つか》み込み」という手法であったが、人柄がいいせいか、〝三ちゃんじゃ、しょうがない〟というような雰囲気が流れていた。

だが、後年、己《おのれ》というものを見事に摑んで、あの爆笑王となった三平。落語の言葉でいう〝化ける〟。それこそ〝モンスター〟となったのである。

三平さんの話は方々で書いた。一緒に出ていた十日間。その途中で三平さんが死んで、私が「さようなら、三平」というメッセージにして客席に伝え、一斉に観客と叫んだ、「三平！」と。その高座の録音が残っている。

前座名を「甘蔵《あまぞう》」と称《い》った。甘蔵時代の三平さんは、私は知らない。

三平さん、いい人だった。

人形町末広、楽屋の記憶

にんぎょうちょうすえひろ。東京都中央区日本橋人形町の三丁目交差点近くにあった寄席。一八六七（慶応三）年の創業で、一九七〇（昭和四五）年に閉館した。現在は、「末広跡」の石碑がある。

人形町末広の楽屋である。新聞を広げてるのが黒門町《くろもんちょう》、左に右女助《うめすけ》、右の女性は漫才の東喜美江《あずまきみえ》、後ろ姿は春風亭柳枝《しゅんぷうていりゅうし》、と、左は、ウーン……。真ん中は火鉢《ひばち》、ところがこの火鉢が曲者《くせもの》、いや、この部屋の真打ちなのだ。真ん中にデンと鎮座《ちんざ》ましまして、若手なんざァ寄せつけない。

手をかざしているのだから、この楽屋は寒い。勿論《もちろん》寄席も、それも並の寒さではない。何せ古い建物で、鎌倉時代の建物とか。

開演前に、末広の人がこの火鉢に火を入れる、灰を寄せる。これでその夜一晩保《も》たせるのだ。また、保つから凄《すご》い。芸である。その火鉢で煙草《たばこ》の火もつけたのだし……。
そうなァ、この楽屋、十二畳くらいか。一間《ひとま》である。左側は高座で……面倒だから
書くか。

1

2

一九五四（昭和二九）年三月九日、人形町末広の舞台袖

人形町末広の楽屋

3

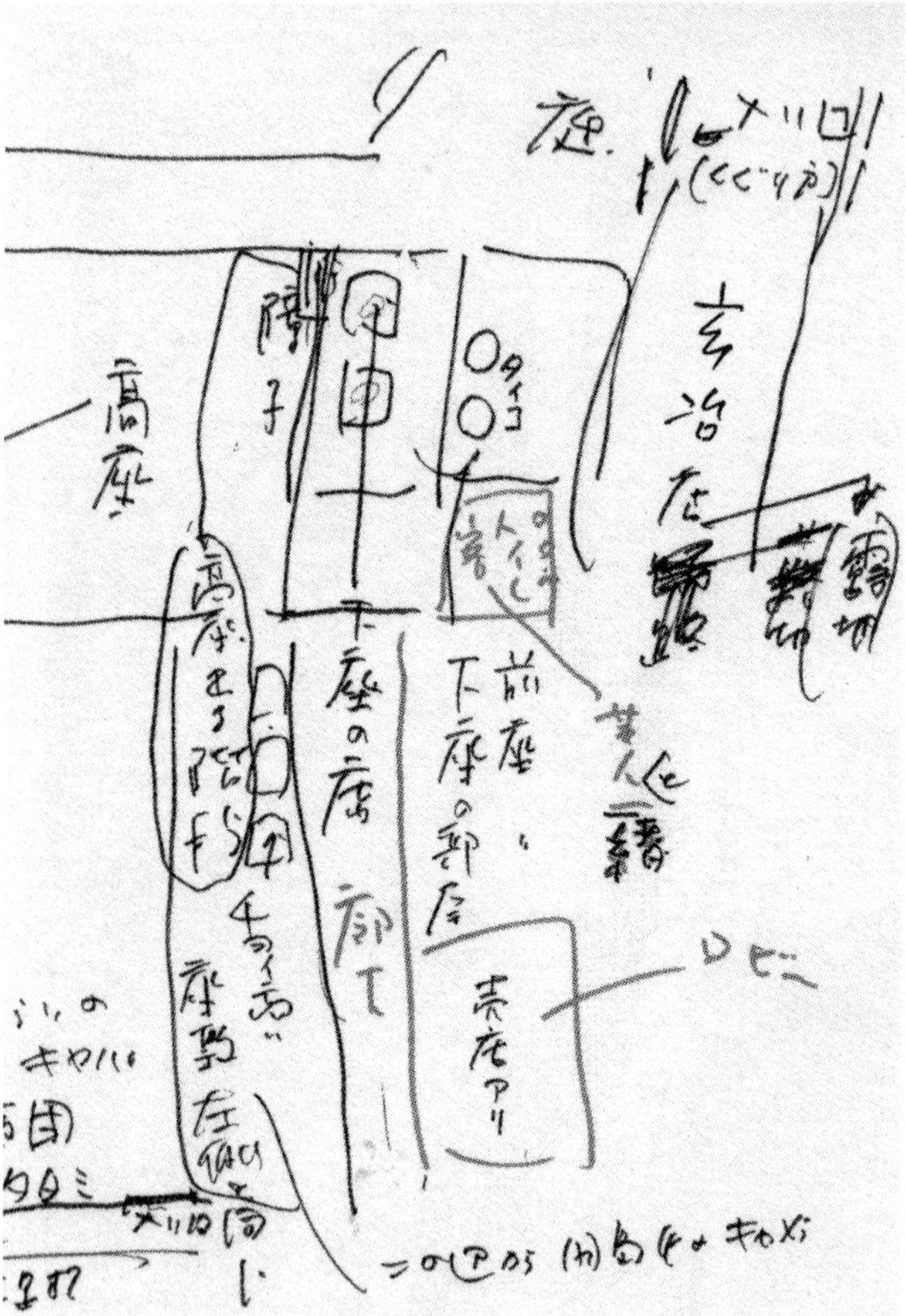

立川談志の手書きメモより

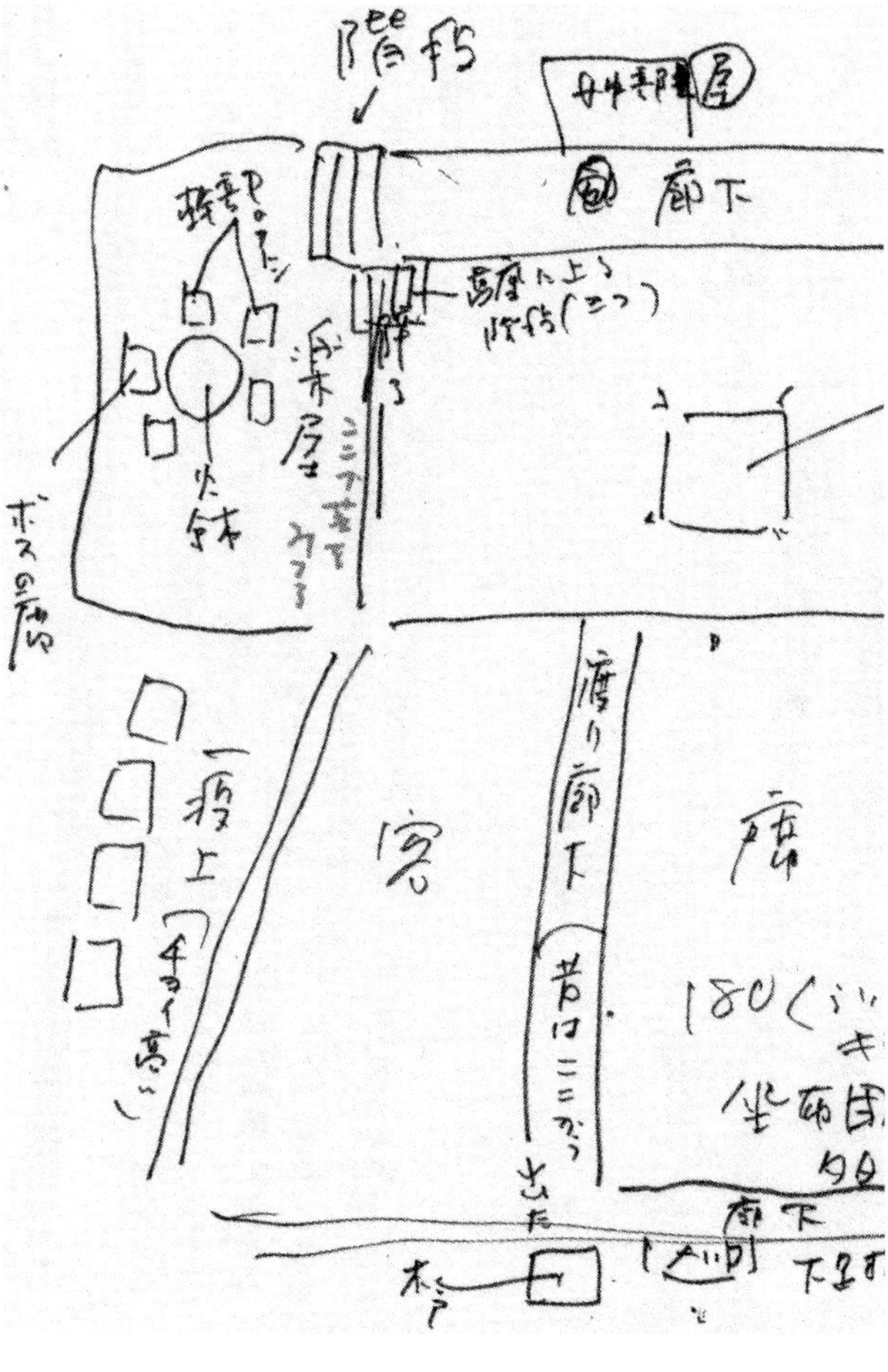
階段
女中部屋
廊下
幹部のフトン
高座へ上る
階段(二つ)
楽屋
火鉢
ボスの席
一段上って手すり高い
客
渡り廊下
昔はここから
出た
席
180ぐらい
廊下
木戸

十代目金原亭馬生

きんげんてい・ばしょう。本名・美濃部清、一九二八（昭和三）～八二（昭和五七）年。一九四三（昭和一八）年、五代目志ん生に入門。古今亭志ん朝を経て、四九（昭和二四）年、古今亭志ん橋で真打ちに昇進し、同年、十代目金原亭馬生を襲名する。五代目古今亭志ん生の長男、古今亭志ん朝の兄。戦中・戦後、円生とともに満州に渡ってしまった父志ん生の留守を守るため、赤貧生活のなかで苦労した逸話は有名。

田島謹之助《たじまきんのすけ》さんが撮《と》った枚数は、噺家によって違う。落語界の幹部と称する、また、その頃寄席に出ていた真打ちはほとんどを撮っているが、四、五枚しか撮っていない噺家もあるし、一枚も撮っていない噺家もある。けど、金原亭馬生師匠は数多く撮っていて、家にまで踏み込んでパチリ〳〵と撮って、それらの貴重な写真が残っている。

この師匠の早世《そうせい》は、落語界にとって大きな〳〵マイナスであった。

いい噺家だった。きれいで、判《わか》りやすくて、難しくなくて、愛嬌《あいきょう》があって、ギャグもほど〳〵。押しつけもなく、そして、一席終わったあとに、立ち上がって踊る。馬生師匠は確か、日本舞踊の名取《なとり》だったはずだ。

踊りといえば、円生《えんしょう》師匠や三木助《みきすけ》師匠は、落語家だけでは生活が苦しく、踊りで身を立てようと思っていた時期があって、で、踊りに力を注ぎ、修業した。けど、そも〳〵家元、日本舞踊というのが堅くて好きではない。この二人の師匠の踊りもそうで、寄席という場では、立派な踊りは迷惑であった。

むしろそうでない、舞踊家から見たら〝なんだ、これは〟というような踊りが好きであった。春風亭柳枝《しゅんぷうていりゅうし》、そして馬生、この二人の踊りを愛したものである。片や素人《しろうと》、一方は名取だが、寄席の踊りとしては双方大結構、芸が共通するのだ。

ついでに書くと、ちゃんとした踊りだかどうだかは判らないが、おそらく基本は学んで、それを爆笑の渦《うず》に持っていった「操《あやつ》り」「二枚扇《にまいおうぎ》」の名人雷門助六《かみなりもんすけろく》。そして、踊りを売り物にした柳亭雛太郎《りゅうていひなたろう》。逆に、サービスのつもりで踊ってもあまり面白くなかったのが、林家正蔵《はやしやしょうぞう》、三遊亭小円朝《さんゆうていこえんちょう》、柳家《やなぎや》つばめであった。

馬生師匠の踊りは、「芸者の一日」などといって、曲は「梅にも春」で、芸者が化粧し、鬘《かつら》をかぶり出かけてって、お客の前で飲んでいるうちに、盃《さかずき》が大盃となり、がぶ飲みン

2

なって、酔ってひっくり返っちまう。そういうコミカルな踊りですら、品がよく、ほどがよく、見事に受けていたっけ。

周りは「馬生の落語なんざァ下手くそだ」と言っていた。けど私は、〝きれいでいいなあ〟と憧《あこが》れたものだ。

馬生師匠のネタは多かったが、それは、まだ若くて売り物がまだなかったということだ。つまり、金馬《きんば》の『居酒屋《いざかや》』であり、柳好《りゅうこう》の『野《の》ざらし』であり、文楽《ぶんらく》の『明烏《あけがらす》』というものはなかった。

その分、数でこなしたのか、己《おのれ》の中にある意欲がそうさせたのか。ことによると、〝噺の数で勝負してやろう〟と思っていたのか。馬生師匠のネタ帳を見せてもらったら、その頃演《や》ることのできた落語のほとんどを網羅《もうら》してあった。なんと、『反対俥《はんたいぐるま》』までその題目にあり、現にその『反対俥』を観《み》たことがある、聴いたことがある。先代談志、または三平《さんぺい》さんのご尊父《そんぷ》の林家正蔵。「正蔵ですいません」と言った正蔵。これらの人たちも、この私も演じていた、跳び上がる、跳ねる、転がるといった、身体で見せ、動きで見せる『反対俥』ではなく、馬生は、品よく、動かずの『反対俥』であった。

馬生師匠の落語には、私が不可とするようなものはなかった。よほどセコな噺はさてお

3

4

いて。いや、待てよ。そのセコな噺を二席、私は教わったことがある。その噺はなんと、『支那《しな》の野《の》ざらし』と『長刀傷《なぎなたきず》』。これらはとても高座で演れるような代物《しろもの》ではなかったが、馬生師匠はそれらをあえて演っていたのか。

噺家ァ、覚えた噺は誰かに聴かせたいものだ。それで、「談志《わたし》に教える」という形で聴かせたのかも知れない。いや、まだ「小《こ》ゑん」の頃か。

巷間《こうかん》伝わるごとく、馬生師匠は落語家になるつもりはなかったが、父親の志《し》ん生《しょう》が満《まん》州《しゅう》へ行った。いや、逃げた。家族を放って逃げちゃった。で、長男である金原亭馬生が落語家で稼がなければならなくなり、その苦労は、並大抵ではなかったと聞く。

志ん生が満州へ行く前、〝志ん生の伜《せがれ》〟ということで優遇された時期があって、それを周りが嫉妬《しっと》していたのか。志ん生が満州へ行ってしまったあとにいじめ抜かれたと、馬生師匠は書き残している。

志ん生が帰ってきて、我が伜をいい出番に上げた。それは二男の志《し》ん朝《ちょう》にもいえることだが、当然また嫉妬も上がったろう。

その狭間《はざま》で修業し、喋《しゃべ》っていた馬生は、やがて落語界でいう大きな噺、つまり人情噺《にんじょうばなし》、または円朝《えんちょう》作を演るようになり、『牡丹灯籠《ぼたんどうろう》』『大坂屋花鳥《おおさかやかちょう》』などというネタを演り、文

5

楽、志ん生の世代が消えていなくなり、あとに円生一人が残った。馬生師匠はそれまでの演目《ネタ》を見事に馬生流にして伝え、喋り、それが喝采《かっさい》となって返ってきていた。

円生、小《こ》さん、そして馬生ときたもんだ。明治、大正、昭和と、生まれた時代は違うが、当時の落語界で最高の地位につき、人気を集める三人となった。

ちなみに、その前までは、文楽、志ん生、円生、三木助、小さん、これが落語界の中心であり、曰《いわ》ク〝本格の芸〟とされていたが、そこに若き馬生は入らず、むしろ、私であり、円楽《えんらく》であり、そのほうが後継者のようにいわれていた時代でもあった。

話を戻す。円生師匠は別格だった。この場合の〝別格〟は、〝新しい噺に常に挑戦している大物〟ということである。

小さん師匠は、若き頃にすでに場内を爆笑の渦に叩《たた》き込んだ作品の数々を作り上げていた。その後はその延長であり、新しい噺への取り組みはあったが、若き頃に作《こさ》えた『大工《だいく》調《しら》べ』『粗忽長屋《そこつながや》』『長短《ちょうたん》』『強情灸《ごうじょうきゅう》』に比べると、作品のレベルは遥《はる》かに落ちていた。つまらなかった。

馬生師匠は、期待されていなかったから、楽に挑戦できたように思う。稽古《けいこ》の高座が務められたし、それがプラスと出た結果、馬生師匠自身にも充実感があり、〝どうだ〟といわんばかりの日々の高座であったろう。

6

7

亡くなったのは、その絶頂期であっただけに、当然のことながら、惜しい。その死後に、「馬生がいたならなあ」という落語ファンの声が何度も聞かれた。

私の知る限りの落語協会の会長は、戦争中に講談の六代目貞山《ていざん》がなったという妙な例があるが、以後、四代目小さん、桂文治《かつらぶんじ》、文楽、志ん生、円生、五代目小さんと続いた系譜は、まさに古典落語を優先したものであった。

〝古典落語が落語であり、それができない者は落語協会の長《おさ》と認めない〟という風潮があったことは確かで、現にその会長は席順に非《あら》ズであった。文治、文楽、志ん生、円歌《えんか》、円生、正蔵、柳枝、右女助《うめすけ》、小さん、馬風《ばふう》、さん馬《ば》、円蔵《えんぞう》、小円朝と続いたこの席順を、〝古典落語の大家《たいか》とはいえない〟という理由で、すっ飛ばした。

具体的にいうと、文楽、志ん生はいいが、そのあとにくる円歌を飛ばし、円生が会長になった。文楽の力であったろうが、周囲《まわり》も、〝円歌師匠の会長というのは、ちとね〟というのがあったろう。

円歌師匠のところで書くが、明るく邪気《じゃき》のない人柄であり、違った意味での才能は他に類を見ないものであったが、それをいっても詮《せん》ないことで、円歌を飛ばして円生となり、その後は正蔵、柳枝、右女助を飛ばし、円生は小さんを次の会長に選んだ。これが間違い

8

9

の一席で、後の騒動につながるのである。

それはともかく、小さんの次は当然、馬生であったはず。小さん、そして馬生と続いて、そのあとに、我々の世代、曰く談志、円楽、志ん朝、ま、誰でもいい。行動力からいえばこの家元が群を抜いているが、根回しができないから、独裁になったろう。

いずれにしても、文楽、志ん生、円生と続いたこのライン。雰囲気、落語の持つ伝統芸を守り、それを現代に伝えていくというラインに、馬生師匠は最適であったろうに。

ついでにいうと、春風亭柳橋《りゅうきょう》がつくった落語芸術協会にはそれらはなく、新作の噺家が主《しゅ》であった。その頃の〝現代〟を売り物にしていた春風亭柳橋、人気者の柳橋、「とんち教室」の柳橋。

そして、今輔《いますけ》と称《い》う、金語楼《きんごろう》師の作品を語った新作派にその席を譲り、やがて米丸《よねまる》へ。伸治《しんじ》の文治という珍しいケースもあったが、歌丸《うたまる》と続く。どちらかというと、新作の系譜が会長を務めてきた。

ロジカルな人であった。生意気だった若者柳家小ゑんの理屈に、理屈で答えてくれたのは馬生師匠一人であった。で、よく話を聞いてくれたし、また、お宅へ伺って話を聞いた。楽屋ではそのことがす

10 11

ぐ伝わり、小さん師匠のお内儀《かみ》さんに怒られた。

「お前は馬生ンところへ愚痴を言いに行ってるそうだね」

いやはやどうも……。

話が明るくて、二枚目で、踊れる。当然モテたろう。だから周りは、名妓《めいぎ》と一緒になるだろうと思っていたら、素人の女性と所帯を持った。過日亡くなった治子《はるこ》さんである。

この、我々の世界でいうお内儀さん、この人もロジカルであった。馬生師匠が亡くなったその通夜の晩に語った、師匠、つまり夫の病気から始まって、亡くなるまでのプロセス、そして死の当日までの話が理路整然としていて心地よく、そして、しみ〴〵感じられた二人の愛。爽《さわ》やかにそれを聞いた思い出がある。

この写真は何歳ごろなのか。芸を演っている馬生師匠の顔を見ると、若く感じる部分とそうでない部分、つまり、円熟に近い顔をしている部分とが交差している。でも、どちらかといえば若い。まだ独身だったのか。

現在、談志が唱える落語、〝談志落語〟とでもいうのか、〝落語立川流〟というのか、私に続く志《し》の輔《すけ》、志《し》らく、または談春《だんしゅん》、それ〴〵が私の〝部分〟を演じている。しかし、当時の若き談志は、それらを演じていなかった。〝狂気〟〝常識・非常識にない世界〟、つ

12 13

まり、〝人間の持つどろ〳〵としたもの〟までは演じていなかった。また、お客も求めていなかったろうに……。

それらは、権太楼《ごんたろう》師匠や金語楼師匠が〝ナンセンス〟として演じていたが、現在の私がいうような〝人間の業〟や〝どうにもならない摩訶不思議《まかふしぎ》なもの〟とは違っていた。むしろ、円生師匠に、ふとそれらを感じたことがある。

で、権太楼や金語楼が喋るフレーズは評価の対象にはならなかった時代であった。評価の物差しは、〝面白い〟か〝上手《うま》い〟か、ずばりいえばこの二点である。〝狂気〟は認めなかった。けど、大衆はどこかで知っていたはず……。

その時代に馬生師匠は、それら両面を演じ切る進化の途中であり、次から次へと覚えては試し、それらを演じる才気と体力、そして嫌な言葉だが、芸術的な意欲が馬生師匠には満ち〳〵ていたはずである。

〝現在の談志〟が〝その頃の馬生師匠〟に、この話をしたら、どう受け止めるのか。時代が違うから通じないのか。いや、ことによると解《わか》ってくれて、それらを分解し、論評した可能性のある唯一の人であったように思う。勿論《もちろん》、他の噺家に比べて若いというのが最大の理由になるが、何度も言うようにロジカルであったからだ。

けど馬生師匠、ロジカルな部分は作品を作るために使って、決して落語の中には出さな

かった。馬生師匠を愛した人たちにとっては、それが優しく、心地よく感じたのであろう。

その逆がかく申すこの家元である。なるだけ論理を出さないようにはしているが、最後には落語の中にこの雰囲気、論理をぶち込んで、客を己の世界に引きずり込んでやろうというのが、この俺様である。いやはやどうも。馬生師匠、ごめんなさい。

15

16

17

18

19

三代目柳家小せん　のちの二代目古今亭甚語楼

やなぎや・こせん／ここんてい・じんごろう。本名・田中秀吉、一九〇三（明治三六）～七一（昭和四六）年。一九一九（大正八）年、初代柳家三語楼に入門。一時、幇間になるが、四一（昭和一六）年、落語家に戻り、五代目古今亭志ん生門下となる。四三（昭和一八）年、古今亭志ん馬で真打ちに昇進、四九（昭和二四）年に三代目柳家小せんを襲名する。五八（昭和三三）年、志ん生の前名をもらい、二代目古今亭甚語楼となる。

この師匠は大正から昭和にかけての爆笑王、モダン落語で一世を風靡《ふうび》した柳家三語楼《やなぎやさんごろう》の門弟のはず。で、「柳家三太楼《さんたろう》」と称《い》った。

その後、師匠没して兄弟子《あにでし》にあたる志《し》ん生《しょう》の弟子というか、一門に入った。で、志ん生の数多く名乗った名の一つの「甚語楼」となる。それは当人が選んだらしい。

その三太楼、甚語楼の間に、この写真時代がそうだろう、一時「柳家小せん」を名乗っ 1

た。私が初めて聴いたのは「小せん」であった。

喋《しゃべ》り方は志ん生そのまま、インテリを気取っていた甚語楼師は和歌等も詠《よ》み、正岡容《まさおかいるる》などとの付き合いもあった。

ズバリいうと、あまり売れていない噺家だったが、

「キミィ、僕は無冠の帝王だよ。文楽さんだって気にしないよ」

等々。加えて楽屋では、落語界一の皮肉屋でもあった。

ちなみに「小せん」を継いだのもこの師匠の持つインテリジェンス（?）というか、かの明治の、吉原《よしわら》を愛し、吉原に身体を預け、浸《ひた》り続け、その吉原の哀歓を高座の机にもたれて語り続けて死んだ、初代の盲目の小せんに、こよなく惚《ほ》れた結果の名前とも感じた。

〝俺のこの才能を誰も買ってくれない〟という不服がみなぎっての皮肉屋で、高座の芸人を楽屋から片っ端から評し、「何だい、あれは。円右《えんう》の真似《まね》じゃないか」と師匠筋の志ん生を評し、「あれは金語楼《きんごろう》の……」「これもダメ……」のと、やってたっけ。

甚語楼、ちなみにこの名は私が寄席に入ってからの改名と覚えているが、あるとき「オイ、歌丸《うたまる》って奴《やつ》ァ、どんな奴だい」に、楽屋の誰かが、

「〝小《こ》ゑん〟さんに、感じが似てます」

〝嫌《ヤ》な野郎だネ〟

これは柱の陰で直接聞いた。別に腹も立たなかった。つまり、〝いつも通り〟であるからだ。

この師匠、現在《いま》聴くと、当然のことながら基本はできてるから充分に楽しめる。

ネタはあまり多くなかった。『妻投《さいな》げ』という、女房を投げる妙な噺を演《や》っていた。正岡容の作らしい。面白くも何ともなかった。

肥《ふと》ったお人でありました。あまり売れなかった……。私の前座の頃は噺家が少ないせいもあり、そこ〳〵の出番に出演《で》てました。が、ま、売れない、という評価の人で、他に円《えん》太郎《たろう》、市馬《いちば》などがいて、これらの人たちと一緒にされていたが、〝俺は違う〟というプライドを人一倍持っていた。

この師匠の娘さんがいい旦那《だんな》を持っていて、麹町《こうじまち》に住まい、私はそこへ稽古《けいこ》に行った。曰ク『風呂敷《ふろしき》』等々。〝等々〟と書いたのは、あとは想い出せないからで、私が注文を出したはずである。

七代目橘家円蔵

たちばなや・えんぞう。本名・市原虎之助、一九〇二（明治三五）～八〇（昭和五五）年。一九二三（大正一二）年、八代目桂文楽に入門。その後、七代目柳家小三治（のちの七代目林家正蔵）門下、吉原の妓夫太郎（遊郭の客引き）、名古屋・大阪での幇間など、職業と住む場所を転々としたのち、文楽門に戻る。四六（昭和二一）年、月の家円鏡を襲名し、真打ちに昇進したことで、落語家として落ち着く。五三（昭和二八）年、七代目橘家円蔵を襲名する。

我々が前座の頃は「月《つき》の家《や》円鏡《えんきょう》」で、会うと若手に叱言《こごと》を言っていたので、仇名《あだな》が「叱言の円鏡」。

でも、この写真はいい顔してるなアー。

落語は空《から》っ下手《ぺた》。ずばりいうと音痴《おんち》。

ナニ、円蔵師匠ばかりでなく、そういうのは現代に、ごろ〳〵いるだろう。いや、ほとんどそうだろう。音痴が受ける世の中にしてしまった感すらある。まともな声音《こわね》で落語を演《や》ると、〝これが落語なの？〟というリアクションが返ってきそうだ。

円蔵師匠は、世の中の辛酸《しんさん》をなめ尽くしたような暮らし。この師匠が己《おのれ》の転々人生を語った本『聞書き七代目橘家圓蔵《えんぞう》』にもそれが記されている。聞いた職業だけでも、船乗り、幇間《たいこもち》、妓夫太郎《ぎゅうたろう》、線路工夫、強盗の手先、学校の小使い、穴掘り人夫、いや〳〵、冗談、冗談。

妓夫太郎や船乗りは本当だが、やれ、線路工夫の、穴掘り人夫の、にせ坊主の、振り込め詐欺《さぎ》のといっても、やったかも知れないと思わせるようなキャリアを感じた。で、昔やっていた道に戻ったのか、はたまた中年から落語家を志望したのか、桂文楽《かつらぶんらく》門下となって桂文雀《ぶんじゃく》、真打ちとなり月の家円鏡、そして円蔵を襲名するのである。

人一倍苦労しているから、その苦労のにじみ出るような落語、それらを演りたかったろう。で、名人上手《めいじんじょうず》という人が亡くなってから、曰《いわ》く、師匠の文楽だの、円生《えんしょう》師匠だの、つまり、〝下手なくせに演りやがって〟という文句を言う名人がいなくなったところで、『子別《こわか》れ』の、『文七元結《ぶんしちもっとい》』のを演ったはずである。

この師匠も、噺家の一つのスタイルであった新作と旧作。〝愚にもつかぬ新作〟と書き

加えてもいいだろう、『女中志願《じょちゅうしがん》』『息子の恋愛』『恋の新宿』なんというネタがあったような気がする。そして『歌劇の穴』は翁家《おきなや》さん馬《ば》と同種類で、もっとセコい。

その頃の円鏡の常套《じょうとう》のような枕《まくら》に、

「ノミにも食わせないようなこの体を、豊満の肉体の所有者、年増女《としまおんな》の邪恋《じゃれん》に弄《もてあそ》ばれ、むなしくも、十六歳にて童貞を破壊され、その年に性に目覚め、いまだに目覚めっ放しィー。何のことだかよく判《わか》りません」

これ、正岡容《まさおかいるる》の〝作〟というほどでもないが、円鏡に与えた枕で、楽屋の悪口に、

「あいつ、邪恋のことを〝じゃこい、じゃこい〟と言ってたよ」

芝《しば》の橘町《たちばなちょう》に住んでいて木造住宅。よく通った記憶はあるが、噺は何を教わったのか記憶にない。

で、売れていた林家三平《はやしやさんぺい》。文楽一門に入るならともかく、円蔵師匠が、三平さんの父親の正蔵《しょうぞう》のところに世話になっていたことがあったためか、三平さん、なんと円蔵の弟子となった。これには驚いた。何でいまさら三平という人気者が円蔵の弟子に——。円蔵師匠は得意だったでしょう。

いつだか、電車に乗って師匠と座っていた。で、立ってたお客さんが私の顔を見て、「あ、

2

談志だ、談志だ」と、話しかけてきた。で、「隣のおじさんは誰です？」。ファンは残酷なものだ。

黙ってりゃいいものを、

「おじさんとは何だ。三平でも、いまの円鏡でも、みんな私が育てたんですよ」

〝はァー、円蔵師匠らしいなあ〟と思った。

痩《や》せた人であった。

九代目翁家さん馬　のちの九代目桂文治

おきなや・さんば／かつら・ぶんじ。本名・高安留吉、一八九二（明治二五）～一九七八（昭和五三）年。一九一五（大正四）年、四代目橘家円蔵に入門。七代目翁家さん馬（のちの八代目桂文治）門下に移り、大阪の二代目桂三木助門下を経て、八代目桂文治門下に戻る。さらに三代目柳家小さん門下に移り、二五（大正一四）年、柳家さん輔となり真打ちに昇進する。三八（昭和一三）年、九代目翁家さん馬を、六〇（昭和三五）年、九代目桂文治を襲名する。

本名、高安留吉《たかやすとめきち》、いい名だ。庶民の名である。長屋の住人の名でもある。で、楽屋では「トメさん」と、同僚、同期、仲間は呼ぶ。

馬風《ばふう》はガキの頃から一緒に育ったし、手前《てめ》えのほうがガキ大将だから、同じ噺家になっても、〝トメ公〟と親しげに呼んだ。

いい顔である。これまた庶民の、江戸っ子の顔だ。それもどっか飄々《ひょうひょう》としていて、もっというと人のいい、もっといやァ間が抜けていて。性格もそうで、すごォーく人がいい。あまり、いや、怒ったのをまったく見たことがない。いや、怒ったときもあったろうが、

「でネェ、これがネェ、ですからネェ」

が高座の口癖《くちぐせ》で、新旧両刀遣いだが、とても両刀遣いなどというものに非《あら》ズ。精々《せいぜい》チャンバラの世界の両刀遣いであった。

一口にいやァ、〝下手《へた》〟〝お下手〟である。で、とてもとても落語研究会の対象にゃあならなかった。寄席で喋《しゃべ》るネタも、ほとんどが物凄《ものすご》いアナクロの『歌劇の穴』。

「ねえ、お客さん、近頃の歌ァ聞いて下さい。何ですか、あれ。〝忘れちゃいやよ〟てンですがネ」

これ喋っている時代は昭和。そう私が前座の頃、いや、もっと昔の大昔、談志がまだ落語家になっていない、ガキ、中学生で、新宿の末広亭《すえひろてい》に通ってた頃からこれを聴かされていた。でトメさん、死ぬまで演《や》ってた。

「忘れちゃいやよ」は確か戦前、歌詞からいって戦雲暗くなる前の渡辺《わたなべ》はま子のヒット曲だ。調べりゃすぐ判《わか》るが、相変わらず家元、記憶だけを頼りにこの原稿用紙に立ち向かっているのだ。いや座って向かっているのだ、落語らしくネ。

　で、話を戻すと、この師匠、唄《うた》わずに喋って、

「ねえ皆《み》んな、最近の唄、何です、ありゃ。〝忘れちゃいやよ〟てンです。〝忘れちゃいやよ〟ったって、金ェ貸しゃ忘れやしません」

　これ、面白いですか？　もっとも現在でも、「綾小路《あやのこうじ》きみまろ」なんというキミの悪い奴《やつ》の〝漫談〟と称する知恵もセンスも何もない喋りに場内が揺れている、という。そんな程度か。

　心ある寄席ファン、または評論家、例えば最も寄席にいた時間が長かった正岡容《まさおかいるる》、この作家も噺家の味方ではあるが、トメさんの『歌劇の穴』を「あれは酷《ひで》え」と言っていたのを何かの雑誌で読んだことがある。

　トメさんは続く。

「リンゴの気持ちはよくわかる……〝わかる〟ったって、買って食わなきゃ判《わか》らない。買って食うのにゃ、一個十五円も取られてしまう」

　この一個十五円も、当時の価値では安すぎて〝気配りのねえ人だ〟と私は思った。

「私この頃《ごろ》憂鬱《ゆううつ》よ……〝憂鬱〟って、何かが映《うつ》るんですか？」

　ときたネ。

「幻の影を慕いて雨の日に……ってますが、幻がよく見えないのに、〝幻の影〟って一体

何ですか？」

この程度ならいい。解《わか》る。私も演ったことがある。

名作「九段《くだん》の母」だ。あの出だしのメロディは「ラッパ節」である。ついでに書くと、村《むら》田《た》英《ひで》雄《お》の「皆《みな》の衆《しゅう》」というのは「ハバロフスク小唄《こうた》」だし。もっと酷《ひど》くなると、寺山《てらやま》修司《しゅうじ》が作り、カルメン・マキという女が唄った「時には母のない子のように」。冗談いうな、完全な盗作で、ニグロ・スピリチュアルの「サムタイムズ・アイ・フィール・ライク・ア・マザーレス・チャイルド」である。文句も同じ。「私ゃ時々、母親のいない子のような気がする」である。

ま、いいや。トメさんだ。

「いまはいいですよ。昔は金のないのを〝貧乏人〟と言った。いまは違う、〝プロレタリア〟。こう言うと、貧乏人の気がしない」

ウーン、まァねェ。だが、このあとだ。

「この下になるとルンペンだ。〝ルンペン〟と言うと金がないように思えない。外国から船が来たようで」

なんだかよく判らないが、その頃の客は笑ってた。それも爆笑だ。

と、いろ〳〵あって、ということは歌の文句ばかりではなく、流行語の穴探しもトメさんのターゲットとなるが、これも〝凄い〟というくらいに〝セコい〟。

で、おなじみの枕《まくら》はこの『歌劇の穴』。楽屋帳というネタ帳に、つまり前座が、誰が何を演ったかを書いておく寄席の楽屋の必需品に、このネタを書きとめるわけだ。これによって次に上がる人は〝何を演るか〟を決める。厚い楽屋帳に、「一、歌劇の穴　さん馬」と書いてあり、次に「一、義眼《ぎがん》　志《し》ん生《しょう》」なんぞとネ。

トメさん、この顔で、顔を撫《な》で〳〵しながら出てくる。いい顔だ。どこか間が抜けていて。何度もいう〝噺家の顔〟だ。

それにしても近頃の噺家の面《つら》はマトモになってきた。普通の顔だ。芸人は芸人面というのがあって、早い話が死んだ海老一染太郎《えびいちそめたろう》さんだ。三亀松《みきまつ》師匠もこれに入るか。小《こ》さん師匠、可楽《からく》師匠、判るよネ。で家元はダメだよネ。何の特徴もないしネ。

高座に出てくる翁家さん馬、〝えー〟と前屈《まえかが》み、下手ァすると高座に手を着いて喋る。これはこないだ死んだ伸治《しんじ》の文治《ぶんじ》にもあり、この俺様もよくある。〝あまり行儀はよくない〟とされてることである。

ま、いいや。トメさんは喋る。

「あのネ、お客さんネ、暇があったら寄席に来なくちゃいけない。この寄席ってとこはネ、最高なんですよ。人間ってのは、笑わないとイケナイ。笑うといいことがある。で、笑って一番出世した人が吉田茂《よしだしげる》さん。実はあの人は、寄席に来て笑って総理大臣になった人ですから。

あなた方もネ、総理大臣になりたきゃ毎日来なくちゃイケナイ。来てなれなきゃそれまでなんですから」

　これが翁家さん馬の枕での常套《じょうとう》フレーズでした。

あと己《おのれ》が出っ歯なので岸信介《きしさん》を揶揄《やゆ》してた。つまりナイフ、出刃《でば》で刺されたって、これまた、クダラナイ。けど受ける。

　こんなこと書いてていいのかネ、解るかネ。ま、判る年代人や、いま流行《はや》るオタクという人たちにとっては、いささかネタにはなるだろうが……。

　トメさん、アトランダム。

　高座に出てくる姿、つまりハカマだが、トメさんのハカマは並とチト違ってる。何というか、簡易ハカマ。ハカマの下がズボンになってて裾《すそ》が留めてある。ハカマとズボンの合いの子だ。便利だし、座っちゃえば普通の袴《はかま》と変わらない。このまま掃除の姿ともなれる姿だ。つまり妙な普段着なのだ。着物に簡易袴。誰が見てもファッションとは思えない。安物である。

〝トメ公はケチだ〟とは、その頃知る楽屋の常識、けど私はそれを見たことはない。確か、電車つまり、その頃の〝都電で時間をかけて通ってた〟……大きなお世話だ。

〝十日間の打ち上げには、我が家の食事を持ってきて皆と楽屋で飲んだ〟〝安い物を買ってきた〟……大きなお世話だ。

この辺、家元とよく似てる。家元、ライターは点《つ》きゃいい、時計は時間が合ってりゃそれでいい。ごく当たり前。

二人、いや三人くらいいたが、ご馳走《ちそう》になった想い出もある。

その頃は何も食わしてくれない師匠連のほうが多かった。それに大幹部は、前座なんざに対《たい》で物など食わせるモノではなかった。そういう規律があった。それに比べりゃ、自家用であり何であり、トメさんはご馳走してくれた。

このトメさん、妙に落語は可笑《おか》しいのだ。下手すぎたのがよかったのか、同じ下手でも月の家円鏡の下手は嫌だった。下手な噺家は、あげりゃあいくらでもいるが、トメさんは別格で、下手だが、何か愛嬌《あいきょう》があったのだろう。

「お前それは歌だよ」
「鍋の上にのせるヤツ」
「それはフタだよ」
「ブーブーいう動物」
「それは豚だ」
「ぶら下がってるの」
「それは札だよ」

何だろ、これ。こんなものがよく入ってたネ。「ギャグを大事にしてるんだ」と川柳《せんりゅう》の奴が言ったっけ。

住まいは上野稲荷町《うえのいなりちょう》。同じ長屋の三軒か四軒隣に、岡本義《おかもとよし》の林家正蔵《はやしやしょうぞう》が住んでいたが、あまり仲良くはなかったみたい。けどトメさんは後輩だし、林家はトメさんのことを〝あいつはケチだから〟といった感じで見ていたのか。けど嫌がられるお人柄ではない。いやあれで、二人は結構仲がよかったみたい。

子供はいなかった。その当時、何歳《いくつ》かなァ、いい歳《とし》に見えたが、やっと五十代か。トメさん、子供の頃は人のいいガキで、勿論《もちろん》勉強なんてまるで縁はないが、学校にはとりあえず行ったのか。

声音《こわね》は、どっちかというとドスの利いた声だが、この顔だ。それを感じさせないし、そういう部分を出すような噺をしない。軽い噺が売り物で、持ちネタは三十席ぐらいで、ま、少ないほうだが、それで通用したポジションでもあった。

トメさんは大阪で修業か。二代目桂《かつら》三木助《みきすけ》の弟子で「三木弥《みきや》」。東京にきて八世家元の弟子か。それとも爺《じい》さんの小勝《こかつ》一門のほうが早かったか。文治一門で、小勝一門の興行によく出ていたのか。

小勝のトリは、仲入りが済むとトメさん、次が馬風の漫談物真似《ものまね》。小勝の真似をして、箒《ほうき》を持った小勝に楽屋で引っぱたかれて、逃げるトリは爺さん、と一時決まっていたそうな。

演題《ネタ》は変わったところで『大蔵次官《おおくらじかん》』『電話室』。前者は十代目文治の父親柳家蝠丸《やなぎやふくまる》の新作、後者は大阪時代に林家染丸《そめまる》に教わったのだろう。

これらの噺、他に演り手はなかった。いえ、別に難しいからではござんせん。バカ〱しいからであります。

思い付くままに書くと、『大師《だいし》の杵《きね》』『不動坊《ふどうぼう》』『女給《じょきゅう》の文《ふみ》』『古手買《ふるてか》い』『寄合酒《よりあいざけ》』『牛《うし》の丸薬《がんやく》』『桃太郎《ももたろう》』『小粒《こつぶ》』。『辻八卦《つじはっけ》』は先代からか……。

と書いてて、この師匠のネタと姿を想い出せる人は、いま、はたして……やめよう、悲しくなる。

けどトメさん、ラジオ民放の時代を迎え、その栄光もいささか生まれ、あの絶品『勘《かん》定板《じょういた》』の物凄さ。後年、後輩の柳家小《やなぎやこ》さん師匠も、この師匠を大いに立てた。興津要《おきつかなめ》(早大教授)も同様であった。

オイ、談志、いま、もし誰かが高座に出てきて聞かせてくれるとしたら、誰だい。という、よくあるセリフというか、ゲームでもあるが、迷わずに言う。春風亭柳好《しゅんぷうていりゅうこう》の『棒《ぼう》鱈《だら》』とトメさん大明神《だいみょうじん》である。そして聴きたい題目《ネタ》は『歌劇の穴』。

オイ、左近《さこん》さんよ、貞《さだ》やんよ、文句あんめえ。同感だよなぁ。左様《さよう》々、ごもっとも〳〵、なか〳〵なかァ。

余談も余談、〝大〟のつく余談。この俺様、何のハズミだか、沖縄政務次官となった。今いう副大臣。で、洒落《しゃれ》で稲荷町は文治宅に挨拶《あいさつ》に行ったっけ。トメさん、布団《ふとん》から起き上がって、……そう、何か言ったのか、俺がネ。「このたび政務次官になりましたよ」云々《うんぬん》。くどいが洒落でネ。で翌日、寄席で弟子の文七《ぶんしち》に会ったら、「昨日、〝大蔵大臣だか政務次官だか忘れたが、挨拶に来ましたよ〟と言ってた」とサ。談志が大蔵大臣になったと間違えたのか、沖縄と大蔵と間違えたのか、そんなこともありました。
その時はもう、いささかボケて高座を退《しりぞ》いていた頃でもあったけど。

三遊亭百生

さんゆうてい・ひゃくしょう。本名・小河真之助、一八九五（明治二八）～一九六四（昭和三九）年。大阪に生まれ、一九一一（明治四四）年、初代桂文我に入門。東京の七代目翁家さん馬（のちの八代目桂文治）門下、三遊亭円窓（のちの五代目三遊亭円生）門下などを経て中国の青島へ渡り、商売で成功する。四五（昭和二〇）年、敗戦で無一文となって大阪に戻り、桂梅団治となるが、まもなく上京して事業に失敗。再び大阪へ戻る。五二（昭和二七）年、旧知の六代目三遊亭円生を頼って上京し、落語家に復帰。五四（昭和二九）年、三遊亭百生を襲名する。

円生《えんしょう》師匠に勧められて、または押しつけられたか、この名を名乗るようになった。で、鈴々舎馬風《れいれいしゃばふう》が高座に上がって、「東京へ来て百姓ンなったのはあの人だけだ」とジョークを飛ばしたネ。

もとは、桂文我《かつらぶんが》の弟子で我朝《がちょう》。で、「があやん、があやん」と言われていたそうな。の

1

ちに、かの有名な浪花《なにわ》の名物男桂春団治《はるだんじ》の弟子となり、「桂梅団治《うめだんじ》」を名乗った。

その後、東京へ出てきて、五代目三遊亭円生（当時は円窓か）の一門になった。で、以前は六代目円生と同じくらいの位置にいたのだろう。二人が並ぶように写った一門の写真がある。判《わか》りやすくいやァ、「おい、まっちゃん」「おい、があやん」の間柄であったと思う。

それが、どういうわけか、転業して青島《チンタオ》に行って財をなしたが、敗戦とともに全部失って帰ってきた。青島にいた時代は、皆が行くと、なんぞてえと「があやん」にお世話になったという。

戦後、円生師匠が何処《どこ》かでばったり会ったのか。「何してるんだ。東京へ来いよ、俺ンとこへ」と言って〝一門にした〟。百生師匠にいわせれば、〝一門に入った〟のである。

さあ、そこが問題だ。〝一門〟とはいいながら元仲間なのだ。

あまりいい例ではないが、例えば、私が志《し》ん朝《ちょう》を、廃業状態から連れ戻して一門にしたとする。本来、私と志ん朝は同格であり仲間であり、私の弟子にとっては〝叔父貴《おじき》〟となるのに、それを一門にしてしまったということだ。

当人としては、春団治の弟子である「梅団治」という名にプライドと愛着を持っていただろう。それを、付けも付けたり、「三遊亭百生」。嫌だったろう。しかし、大人だから表

へは出さなかった。本来は怖い人だろうに、怒らなかった。

「師匠、お内儀《かみ》さんは何人目ですか」

「五人目や」

ふと、そんなやりとりを想い出した。

「青島では随分財産を拵《こしら》えたんですね」

「あァ。掘ったら、まだ金塊《きんかい》がいくらも出てくるわ」

とかネ。


東京へ来たとき、〝まずは受けなきゃいけない〟テンで、『浮世床《うきよどこ》』を主に演《や》っていた。煙草《たばこ》を煙管《キセル》に詰めるという、あの場面だ。

二人が夢中ンなって将棋をやっているので、二人の煙草の吸い口と火を点《つ》ける部分を抜いて、片や吸い口、一方は火を点けるところと、付け替えるイタズラに気がつかない、将棋に夢中の二人。で、煙管をグル〱回したり、プッ〱と吹いたり、「熱《あち》ち〱」と言ってたりする。その陽気なところで受けていた。

で、だん〱安心していったのだろう。自信がついてネタを増やしていった。『八五郎《はちごろう》坊主《ぼうず》』『猪買《ししか》い』『夢八《ゆめはち》』『三十石《さんじっこく》』『天王寺詣《てんのうじまい》り』。やがて、大阪の芝居噺《しばいばなし》も演るようにもなり、己《おのれ》が好きな、己が惚《ほ》れた春団治のネタを片っ端から演るようになった。これも受けた。

　それまでの大阪落語では、初代桂小南《こなん》師匠がいるが、私は知らない。文楽《ぶんらく》師匠は小南の弟子が振り出しであったはず。「小莚《こえん》」と称《い》った。

で、あとは小文治《こぶんじ》師匠であり、この人は癖のある人で、何ィ言ってるんだか判らない。円馬《えんば》師匠に似てた。

　それから次の桂小南。初代小南の後を継いだが系統は異なり、金馬《きんば》門下である。小南を襲名する前は山遊亭金太郎《きんたろう》と称し、金馬師匠の弟子だから東宝名人会に出ていたが、大阪弁ともつかず、名古屋弁ともつかず、何処《どこ》の言葉を喋《しゃべ》っているのか判らなかったし、下手くそ。妙な癖があって、とても聴いてられるような芸ではなかったが、それでものちに、「小南落語」というようなものを拵《こしら》えた。

　聴いても、大阪弁の楽しさも、大阪落語のよさも判らなかった。濁声《だみごえ》で喋る大阪落語ってのは、聴きやすいものではなかったし、大阪弁そのものがあまり好きでなかった。もっとも、東京にはまだ上方《かみがた》言葉が定着してなかった。田舎の言葉だった。

だがその後、大阪から大挙して来た松竹系の漫才を聴いたときには、〝あ、面白いもんだなあ〟と気がついたがネ。現代の漫才モドキに非《あら》ズ。ダイマル・ラケット、いとし・こいし、お浜《はま》・小浜《こはま》、小円《こえん》・栄子《えいこ》等々であった。

若い頃、大阪に行ってキャバレーで漫談なんぞを演ると、「よろしいなあ、江戸っ子は、歯切れがようて」。逆に芸人は大阪から来ると、大阪弁を隠したものだ。ところがいまは、大阪弁が笑いの芸の世界を席巻《せっけん》している。標準語みたいになってきた。テレビをつければ、「どないしてまァ」「ごっつゥおもろいのやねえ」てなことを言っている。

で、百生師匠だ。百生師匠なりのリアリティのある演出の仕方、または春団治流の奇想天外な表現もあった。『へっつい盗人《ぬすっと》』はこうなる。

「ガラガッチャガチャガチャ、ドンガラガッチャ、ププー。

〝どないした、どないした〟

〝いやァ、いま転んだ拍子に、自転車のラッパの上ェ手ェついた〟

〝手ェついたやらプー一つやろ。何でププーと二つ〟

〝いや、あんまりええ音やから、もう一つ押した〟

〝アホかお前は〟」

こういうナンセンスが白生師匠の作品にちりばめられていた楽しさ。

私は、百生師匠を聴いて初めて、大阪落語の面白さを知った。ナニ、私ばかりでなく、東京の噺家の若手も聴き手も。

この落語が、戦後衰えた大阪落語、面白い人がいなくなってしまった大阪の落語界を救い、百生師匠の喋った落語が継承され、今日に至っている。

あとは、桂米朝《べいちょう》が粉々《こなごな》になった落語を一つ〳〵継ぎ合わせて再生し、そして己の演出を、知性を入れながら、見事に大阪落語を復興させた。つまり、百生師匠の春団治作品、プラス、米朝が立て直した落語が、今日の鶴瓶《つるべ》だ、文珍《ぶんちん》だにつながって隆盛を見ているのである。

桂米朝が〝大阪落語界中興の祖〟なれば、三遊亭百生は〝救世主〟であろう。

それにしても、寄席の世界というのは、大阪から来た新参者に対して冷たくて、我慢々々の日々に見えた。場合によっちゃあ、文楽、志《し》ん生《しょう》、円生、三木助《みきすけ》、小《こ》さん、そして次に入れるのならば百生と、つまり異色という意味も含めて、その中に入ることができる師匠であったのに。

桂梅団治のまま東京に迎え、そして、その生涯を終わらせてやりたかった。あるいは、三代目春団治を継いでもよかった。いや、継ぐべきであった。

『天王寺詣り』のアホダラ経《きょう》と木魚《もくぎょ》の音、からくり。『八五郎坊主』『夢八』の伊勢音頭《いせおんど》、『くしゃみ講釈《こうしゃく》』の戯《ざ》れ唄《うた》、円生師匠とはまた違った『三十石』、つまり知性の米朝ができなかった部分。東京的な米朝に対して、あの大阪落語の濁声。この楽しさを東京の落語ファンに教えた百生師匠。時代的に、松鶴《しょかく》さんとつながった時期もあったかも知れないが……。

くどいが、純上方噺と、それを全国に通用させた桂米朝、この線上に現在の大阪落語はある。

写真の2は『粗忽《そこつ》の釘《くぎ》』だろう。

二代目桂右女助　のちの六代目三升家小勝

かつら・うめすけ／みますや・こかつ。本名・吉田邦重、一九〇八（明治四一）～七一（昭和四六）年。一九三一（昭和六）年、水道局で電気技師として勤めたのち、八代目桂文楽に入門。三七（昭和一二）年、二代目桂右女助となり真打ちに昇進する。五六（昭和三一）年、六代目三升家小勝を襲名する。


我々の呼《い》う、いや落語ファンも呼った「黒門町《くろもんちょう》の師匠」こと「八代目桂文楽《かつらぶんらく》」。この師匠の秘蔵っ子であり、「唯一の弟子」という感じであった。

いや、その通りであったろう。文楽師匠には出入りをしていた芸人、噺家は多くいたが、
さァて、本当の弟子は……となると、この右女助師匠一人のように覚えている。

勿論《もちろん》兄弟《きょうだい》弟子《でし》はいた。弟《おとうと》弟子《でし》になるのが、当時「月《つき》の家円鏡《やえんきょう》」、のちの「橘《たちばな》家《や》円蔵《えんぞう》」。

ちなみに現在《いま》の円蔵はこの弟子で、師匠同様、円鏡から円蔵となった。どうでもいいが、

前座名《ぜんざな》が「竹蔵《たけぞう》」、二つ目となり「升蔵《ますぞう》」、そして今いった如《ごと》く「円鏡」で真打ち、のちに「円蔵」と改名した。理由は判《わか》らない。円鏡も円蔵も、さしてランクの変わらない真打ち名前だし。

ちなみに「立川談志」も「月の家円鏡」程度のランクの名。「円楽《えんらく》」も「志《し》ん朝《ちょう》」も「柳朝《りゅうちょう》」もこれまた同様である。

それはさておき、右女助師匠は戦争に行ったとき以外は常に文楽師匠の弟子としてそばにいた。
で、文楽から褒《ほ》められ、怒られ、神の如くに仕《つか》えた文七《ぶんしち》は、その前職は知らねども、わずか五年で真打ちとなり「桂右女助」。古典に新作に「戦場報告」(つまり現代《いま》いうリポーター)に、若手一番の人気者となった。

師匠譲りの『明烏《あけがらす》』、これは師匠の十八番、売り物なので、めったに演《や》らなかった。己《おのれ》の真打《トリ》ちのときに、時折喋《しゃべ》った。曰《いわ》ク、師匠文楽ソックリであったと記憶している。手《て》拭《ぬぐ》いを使わずハンカチを使っていたのも、師匠の真似《まね》だ。

頭のいい人であったが、あの頃、〝頭脳明晰《めいせき》は噺家らしくない〟という雰囲気があり、そこ〳〵同門の先輩・仲間に合わせ、楽屋噺のバカを喋っていた。

己の才覚に古典の技術にも客観的判断が無意識のうちに生じ、普通の話はそこ〳〵にして、新作、それも全部自作、これに力を入れてた如くであった。

で、その作品、前者は『寄合酒《よりあいざけ》』『壺算《つぼさん》』『根問《ねど》い』ぐらいの印象しかなく（酷《ひど》いもんだ）、ネタ帳には『佐々木政談《ささきせいだん》』『真田小僧《さなだこぞう》』『替《か》わり目《め》』『四人癖《よにんぐせ》』等々ある。

これは他の噺家にもいえるが、ラジオ全盛となり、噺家も専属制度の対象となる者は、普段あまり喋らない、曰ク〝お蔵入り〟という状態のネタまで出していたっけ。

で、新旧使い分けた桂右女助……「師匠」はいち〳〵面倒なので、申し訳ないが時には師匠抜きでいく。あしからず……、むしろ、その知性という現代的なセンスで新作がすばらしかった。

その最高、師匠の売り物が例の、あの『水道《すいどう》のゴム屋《や》』である。

その頃の人はたいがい右女助の『ゴム屋』を知っていた。虎造《とらぞう》の浪曲『三十石《さんじっこく》』のように。

「えー、水道のゴムは如何様《いかがさま》で」と売り歩く小僧の調子、フレーズを知っていたのだ。

そのくらい世間に売れた。それはポピュラリティーにおいて、師の文楽の『明烏』を遥《はる》かに超えていた。柳好《りゅうこう》の『野《の》ざらし』も志《し》ん生《しょう》の『火焔太鼓《かえんだいこ》』も、である。

つまり一般人が知っていたのだ。一つの風俗、流行語でもあったのだ。

ちなみに、この噺の元は古典落語によくあるパターンで、『豆屋《まめや》』『ざる屋』と、すぐ頭に浮かぶ。

その頃の寄席のムード、それを支配していた古典落語、それを語る楽屋の人たちが醸《かも》しだす雰囲気、その頂点で、己が惚《ほ》れた桂文楽をはじめ噺家らしい生き方、考え方、喋り方、それらを含めて無意識にそれに合わせている己の知性。これがまた、無意識に邪魔をしていたのではなかろうか。

チト考え違いかも知れないが、〝弟子を撲《なぐ》った〟という、この人らしくない行動も、そう見えた。先輩、仲間の芸人故《ゆえ》の無理はともかく、己の弟子の無能さには怒りが爆発したのだろう。先輩、仲間がいるところではやらなかったが、私たち前座の前でやったのを見てる。〝ポカリ〟なんてもんじゃない。〝ガツン〟だ。それを食らった生存者は、いまの小《こ》勝《かつ》が最後だろう。

ちなみに私は撲られなかった。他所《よそ》の弟子だったからかも知れないし、自分の弟子に比べれば、己と同様の知性を感じていたのかも知れない。

右女助師匠が正月用に誂《あつら》えた仙台平《せんだいひら》の袴《はかま》、高かったろう、無理もしたろうに。また、それを新春《はる》に穿《は》く喜びも大《だい》だったろうに、なんとこのバカ弟子の一人は、電車の中に忘れて

3

4

しまった。勿論《もちろん》出てこない。師匠は弟子にポツリと言ったそうだ。

「一度くらいは穿きたかったじゃねえか……」

と、文字通りに、ポツリと、それだけであったと聞く。

そう〳〵その頃、なんとオートバイを自ら運転して寄席に乗りつけた。現代と違って、並の服装で乗るバイクと違う。そのオートバイに乗る勇ましい、粋《いき》な姿だ。

右女助師匠は、大物噺、人情噺を演った如くに見せていたが、演ってない。知性がそれをさせなかったか。己の技術に限界を感じていたか、それらを新作の創意に換えた。けど、くどいが、知性ある桂右女助、〝ナンセンス〟に入り込めないのだ。つまり、その頃としてリアリティのある庶民の暮らしの上に成り立った作品を〝新作落語〟として売り物にした。

『女中《じょちゅう》志願《しがん》』『金言《きんげん》みくじ』『操縦日記』『俳句会』、改作の『トラと女房』つまり『替わり目』、『未練の夫婦』は古典の枕《まくら》を延ばした一席、よくできている。

その性格が最も出ていたのが『壺算』で、これも師匠の売り物の一つで、そのこんがらがる計算が、いかにも知性を背景にした売り手と買い手の会話であった。

『俳句会』。集まった連中、といっても八公《はちこう》、熊公《くまこう》の類《たぐい》だが、チト違う。くどいが、ここ

5

6

にも知性が漂う。

いろ〳〵、句の発表があって、宗匠《そうしょう》が句を紹介する。そのうちに、

「初雪や根岸《ねぎし》の里の侘《わ》び住まい」と読み上げ、「いけません、これは」に、相手は、

「いや、失礼。御免《ごめん》々々、判らないと思ったので」

云々《うんぬん》。

聴いてて、こんなところに宗匠という人間のリアリズムはいらない、とも思えたが、師匠の知性はそれを止める。〝このまま演ってていいじゃあないか〟と思った。

「お宅は何処《どこ》です？」

「あのォ長崎……」

というギャグがあった。

それにこの師匠、

「長崎……ってえと、池袋の先でなく、あっちの遠い長崎。困りましたなァ……」

と言う。

さァ、ここだ。〝長崎〟だけでいい。これでは確実に笑いが減る。でも、これも、落語リアリズムというこの師匠の業《ごう》だったのか。

ちなみに、これらの噺は現存してるから、探せば聴ける。聴くと、家元のいっているこ

とが解《わか》ると思う。

師匠文楽は、自分に惚れている小勝より柳家《やなぎや》小《こ》さんを可愛《かわい》がった。メチャ可愛がりであった。

黒門町としては、友人、四代目小さんから頼まれた「小三治《こさんじ》」をなんとか一人前にしようとし、騒動まで起こして「小さん」を誕生させた。ということもあったろうし、小さん師匠の追従ぶりも好ましかったのか。小さんが〝惚れている〟といっても、右女助師匠とは比べ物にはならなかったのに……。右女助師匠、口惜《くや》しかったろう。

書き殴ってきたが、文楽は、中年からいろ〳〵な職業を経て噺家になった円鏡と違って、子飼いの右女助、売れっ子の右女助をどう見ていたのか。そんな野暮《やぼ》な感情の生まれる余地もない親子そのものだったのか。

文楽のその他の弟子、というと、戦後にドッと入ってきた前座、若き時代の弟子でなく、老境に入ってからの弟子、つまり今の文楽、左楽《さらく》等々であり、彼らにはまた違った師匠観となっているはず。

右女助師匠の女房は、花柳一衛《はなやぎいちえ》という寄席にも出ていた踊りの名花《めいか》。惚れて〳〵惚れまくった仲であった。

文楽師匠の死後、体調を崩して寄席にも出てこなかった右女助師匠が、何かの集まりにやってきた。
「俺も、もう駄目だよ」とポツリといった。己の体調もあったろうが、惚れた師匠の死で人生の張りを失った如く見えた。

新宿末広亭《しんじゅくすえひろてい》の席亭《せきてい》、この世界の第一実力者の北村銀《きたむらぎん》太郎《たろう》は、談志《わたし》に言った。
「右女助が元気で生きてりゃ、小さんなんて、とても〳〵会長なんぞにしやしない……」

ついでに家元一言。家元、現在《いま》の落語界に興味はない。むしろ嫌悪感さえ覚える。で、その種の話はいっさいしない。

落語立川流は志《し》の輔《すけ》、志《し》らく、談春《だんしゅん》、それに続くと判断した連中に任せた。もう家元の時代ではない。時代というものは、こういう〝凄《すさ》まじい〟ものなのだ。

桂右女助、のちの三升家小勝。

桂文楽が若き小さん、その頃の小三治を持ち上げた。で、「小さん」という大看板を継がせた。それに対して、先輩にあたり、ましてや文楽の直弟子の右女助は、そのままの名では「小さん」に対抗できず、で、対等の「小勝」と改名したのではないか。いや、そのはずだ。

蒲田《かまた》の糀谷《こうじや》に住んでいたので、「糀谷の師匠」とも呼《い》った。あまり艶《いろ》っぽくないネ。

7

8

八代目春風亭柳枝

しゅんぷうてい・りゅうし。本名・島田勝巳、一九〇五（明治三八）～五九（昭和三四）年。音曲師柳家枝太郎の子として生まれる。一九二〇（大正九）年、四代目春風亭柳枝（のちの春風亭華柳）に入門。二五（大正一四）年、春風亭柏枝となり真打ちに昇進する。柳亭芝楽に改名したのち、四三（昭和一八）年、八代目春風亭柳枝を襲名する。

本名、島田勝巳《しまだかつみ》。芸人の子である。

『両国《りょうごく》』という大津絵《おおつえ》で売った人気者の音曲師《おんぎょくし》柳家枝太郎《やなぎやえだたろう》、この師匠のご子息で、「枝《し》女太《めた》」。やがて「柏枝《はくし》」となり、柳枝となった。八代目である。そんなことはどうでもいい。

その大津絵『両国』、

〽おや　きなんせな　きなんせな
きなんせきなんせ　きなこ餅《もち》

1

と、寄席から花柳界《かりゅうかい》、そして巷間《こうかん》にまで伝わった当時の流行歌と言っていいだろう。いまだに寄席の高座では唄《うた》われる。何とも堪《たま》らない、いいリズム。

親父《おやじ》の枝太郎も、倅《せがれ》の柳枝も、〝温厚の人〟と聞いた。と書いたが、柳枝師匠のことは知っているが、枝太郎師匠は知らない。つまり、時代の違いということである。

俗名が「お結構の勝《か》っちゃん」といって、つまり相手に逆らわない。

「晴れてきたね」

「ええ、結構な晴れで」

「降ってきたね」

「ええ、降ってきました。また結構で」

何かってえと、〝結構〟と言う。その会話は、私も聞いている。

その「お結構の勝っちゃん」が酔った、という逸話《いつわ》が残っている。

桂文楽《かつらぶんらく》が話しかけた。

「おやァ、勝っちゃん、ご機嫌かね」

「何を言やがんだ、この野郎」

という、楽屋で有名なエピソード。

「あら〳〵あら〳〵、いやはや驚いた、驚きましたよ、こりゃあ。こら驚いたね」

と、文楽師匠。

千葉県の松戸に住んで、そこから国電で通っていた。いまのJRである。

柳枝師匠のエピソードは、どっかで書いたが、また書く。

生意気なガキであった私が、素人《しろうと》の頃、地元のお祭りにこの師匠が来たとき、二ヵ所掛け持ちの後を追いながら、「師匠、ひとつ『花色木綿《はないろもめん》』を演《や》ってください」。「お結構な勝っちゃん」なくらいだから、「へい、へい、へい」てなことを言いながら、『花色木綿』を演ってくれた。

むしろ『四人癖《よにんぐせ》』のように、アクションに頼るというか、判《わか》りやすい噺《はなし》をすべきだろうと後年思ったが、勝っちゃん、相手はガキでもお客に逆らわない。

有名な話に、友人であった講談の七代目貞山《ていざん》を連れて、柳枝師匠のお客に頼まれて、その頃、演芸場があるわけでなし、ホールがあるわけでなし、つまり、町の祭りの余興、屋台の演芸に行ったとな。

すると、その旦那《おだん》なるものが乱暴なお人で、「おい、島田、ああやれ」「おい、柳枝、こ

3

4

っちへ来てこれをどうの」「間抜けな野郎だな、お前は」と罵詈雑言《ばりぞうごん》に近いような言葉を吐いたとな。

それを聞いていた貞山先生、〝ケツをまくる〟という文句があるが、さすがに言ったという。

「何を言うんだ、あんた。柳枝は柳枝で一生懸命やってるじゃないか。そんな言い草があるか。そんなことを言うなら、俺は帰るっ」

と、相手の旦那が恐縮して謝ったという。

「いや、それは悪かった。気がつかなかった。ああ、謝る、謝る。いや、柳枝もいい友だちを持って幸せだ。うん、悪かった。友だちのためにここまで言ってくれた貞山君の友情、そして逆らわずにやってくれた柳枝君の行為も含めて、ありがとう」

と、何がしかの金をくれたとか。

一件落着、かと思ったら、サに非《あら》ズ。

演芸が終わって、帰りに柳枝師匠が言ったという。〝貞山君〟と言ったか、〝貞山さん〟と言ったか。まあ、〝君〟だろう。

「ねえ、貞山君、あれを言っちゃあ困りますよ」

これだ。あまりに卑下《ひげ》というか、芸人魂というか、芸人根性というか。

5

柳枝師匠らしい話ではあるが、あまりいい話ではない。いい話ではないが、柳枝師匠らしさのほうが勝つところに、この人の性格、あり方、生き方、面目が見えるのである。

柳枝師匠が高座に出てくる。「待ってました」という声はあまり聞いたことがない。どっちかといえば陰気。いや、待てよ。舞台は明るい。顔は怖い顔のほうに入るか。でも、全身全霊で愛嬌《あいきょう》を出して演じる落語の数々は、この師匠でなければできないものであった。というのは、あまりにもお客を立て、噺家である自己を卑下し、演じてきた落語のストーリーは、他の噺家が覚えても、そこに入りこみようがないのではないか。

『搗屋無間《つきやむげん》』『締《し》め込《こ》み』『花筏《はないかだ》』『二人癖《ににんぐせ》』『生兵法《なまびょうほう》』『熊《くま》の皮』『ずっこけ』『初天神《はつてんじん》』『元犬《もといぬ》』『子ほめ』『四人癖』『いも俵《だわら》』『野《の》ざらし』『悔《く》やみ』『王子《おうじ》の狐《きつね》』『動物園』『高砂《たかさご》や』『宮戸川《みやとがわ》』『山号寺号《さんごうじごう》』、すら〳〵浮かんでくる。これらの演目は、他の噺家の入りようがない。

演れないことはないし、現に私も、『子ほめ』も演れば、『王子の狐』も演るが、柳枝師匠からすっかり離れないとできないのだ。

ここで並べた噺は全部柳枝のもの、〝柳枝〟以外の何物でもない。柳枝の癖、柳枝の口調、全部が入った集大成、そして出来上がりなのだ。

逆に言えば、物真似《ものまね》はしやすい。

「ときて、いや、お若く見える」

これ、文字じゃ判らないだろうが、柳枝の『子ほめ』である。『子ほめ』に限らず、一事が万事なのだ。

柳枝師匠の先輩が六代目春風亭柳橋《りゅうきょう》、その柳橋師匠に〝何で柳枝を継がなかったんですか〟と聞いたことがある。ということは、「春風亭」で一番上に位置するのが「柳枝」であるからだ。「三遊亭《さんゆうてい》」が「円生《えんしょう》」、「柳家」が「小さん」というように。

柳橋師匠、「あのな、柳橋のほうが柳枝より上なんだぞ」。ちなみに、「柳橋」の亭号は本来、「麗々亭《れいれいてい》」である。六代目から「春風亭」となった。

この写真は、高座の着物が替わっている。ということは、一つの高座ではないだろう。

何かを叩《たた》いて潰《つぶ》してるようなポーズがある。『生兵法』（『胸肋《きょうろく》ねずみ』）であろう。持ち時間が少ないときに、柳枝師匠がよく演っていた。ねずみの手足を取っちゃう残酷な噺である。けど、柳枝師匠が演ると、まあ〳〵。許せる範疇《はんちゅう》か。

この写真の踊りはおそらく「槍《やり》さび」で、立ち回りを見せた。

6

7

あのね、写真を見ただけで判るというのは、なか〳〵他にいないのよ。ヨォ〳〵ヨォン。で、この座敷の写真は、大塚《おおつか》の家だろう。寄席ブーム、ラジオブームが来て、その演芸ブームに乗り、ニッポン放送の専属となり、収入も増えたろう。で大塚に家を建て、二階に稽古場《けいこば》を拵《こしら》えた。昔のことは知らないが、私の知る限りでは、稽古場を拵えた噺家というのは春風亭柳枝一人である。小《こ》さん師匠は、剣道の道場は建てたがネ。

で、この二階へ、いろ〳〵な師匠の弟子を呼んで、鳴《な》り物《もの》や噺の稽古会を催した。呼ばれた者は皆前座で、いま思い出すに、柳枝師匠の弟子には、笑枝《しょうし》、枝二《えだじ》。

その他アトランダムに挙げると、小《こ》ゑんの私、弟弟子《おとうとでし》の子どもの落語家の小《こ》ぎく、小《こ》助《すけ》（のちの燕路《えんじ》）、朝之助《ちょうのすけ》、全生《ぜんしょう》（のちの円楽《えんらく》）等々。つまり、落語協会の前座たちであった。

写真の**7**で稽古を見ている後ろ姿の若手は、右から全生、朝之助、小助である。稽古している奴《の》は判らない。で、もう一枚の写真**8**で稽古しているのは小助である。

柳朝《りゅうちょう》は、ことによると、〝こんな稽古なんぞ〟というような了見《りょうけん》で来なかったかも知れない。その頃から粋《いき》がっていた柳朝、彼のいう〝江戸っ子〟で、来なかったのかも知れ

ない。当時は「正太《しょうた》」、ここに書いた連中よりチト先輩でもあったしネ。

私の同期の柳家つばめ、当時「小伸《このぶ》」と称《い》った。これは来ていた記憶はある。まあ、どうでもいい。

どれだけの効果があったかは知らない。しかし、太鼓を教え、噺に対して注意をしていた柳枝師匠。師匠が効果を考えていたかどうかは、判らない。〝後進を育てるんだ〟というほどの高い意識ではなかったろう。〝すべきことをやった〟という気負いもない。何だろう。つまり、これを〝何だろう〟と感じさせるところに、柳枝師匠の人柄があったといっていい。

この師匠、何処《どこ》へ出しても受けた。爆笑させた。といって大してオーバーに演るわけではない。天下一品の柳好の『野ざらし』に対して、同じ噺を演ったのは柳枝師匠しか知らない。

その柳枝師匠の『野ざらし』は緻密《ちみつ》なものであり、柳好を〝陽〟とすると、〝陰〟とまでいかないまでも柳枝独特で、『野ざらし』は〝柳好とは比べものにならない〟と言い切れないものがあるのだ。

ちなみに、私の、〝私〟と言うほどのもんじゃないが、談志野郎の『野ざらし』は、出だしが柳枝、途中から柳好と、こうなっている。知っている人は判ってるよな……。

月並な文句だが、その早世《そうせい》は惜しみて余りある。

愛嬌いっぱいの高座。終わると必ず立ち上がって踊った。「奴《やっこ》さん」「かっぽれ」は申すまでもなく、「富士裾《ふじすそ》」「槍さび」「深川《ふかがわ》」と、噺家の踊る一連の踊りの中に、ひときわ柳枝師匠らしい踊りに「かんちろりん」があった。

〽下に居《お》ろ下に居ろのあの行列はさァ　お江戸でさァ
　かんちろりん　お江戸でさァ　武蔵《むさし》でさァ

は、大久保彦左衛門《おおくぼひこざえもん》のよぼついた御登城《ごとうじょう》。

で、二番目の〝大阪でさァ〟は、木村長門守《きむらながとのかみ》の登城姿。

そして三番目は〝芸妓《げいこ》でさァ　三味線《しゃみせん》でさァ〟で舞妓《まいこ》。

これら三体を見事に判りやすく踊り分けて、拍手喝采《かっさい》であった。紋付袴《もんつきはかま》のよく似合う師匠でもあった。

この師匠も若くして逝《い》った。五十代か。

八代目林家正蔵　のちの林家彦六

はやしや・しょうぞう／はやしや・ひころく。本名・岡本義、一八九五（明治二八）～一九八二（昭和五七）年。一九一二（明治四五）年、三遊亭三福（のちの三代目三遊亭円遊）に入門。師匠とともに四代目橘家円蔵門下に移り、二〇（大正九）年、すでに襲名していた三代目三遊亭円楽で真打ちに昇進する。三代目柳家小さん門下を経て、四代目蝶花楼馬楽（のちの四代目小さん）門下へ。二八（昭和三）年に五代目蝶花楼馬楽を、五〇（昭和二五）年に八代目林家正蔵を襲名する。「正蔵」は七代正蔵の遺族海老名家から借りた名であったため、一九八一（昭和五六）年、林家彦六に改名する。

時間的には、彦六時代より正蔵時代のほうが、談志としては、付き合いが長かったはずだ。〝付き合い〟ったってねえ、片や大幹部、片や乱暴者の立川の談ちゃんだからねえ。

それでも、可愛《かわい》がられた。乱暴者が好きだったのだろうか。

弟子の柳朝《りゅうちょう》が正太《しょうた》か照蔵《てるぞう》と称《い》ってた頃か、つまり前座か二つ目か、弱いくせに向こう気が強く、いや強がっていた柳朝、彼が理不尽なことを仕出かしても、「しょうがねえ野郎だ」なんと言って喜んでいた。

私も、その〝乱暴〟と一緒にされていたのかも知れない。

住んでいたのは稲荷町《いなりちょう》の長屋で、お宅に入るとすぐに一間《ひとま》あり、目の前に正蔵師匠が煙草盆《たばこぼん》を置いて、座ってたっけ。

二階もある長屋で、他には荷物を置く半畳程度のスペースが入り口の脇《わき》にあった。でも、そこ〳〵という人はあまり来なかった。悪くいやァ、芸人の吹きだまり。

名前を挙げると、橘家円太郎《たちばなやえんたろう》、柳家《やなぎや》小《こ》せん（のちの古今亭甚語楼《ここんていじんごろう》）、柳亭市馬《りゅうていいちば》。筑波《つくば》でガマの油売りを覚えて、それを時折演《や》っていた筑波太郎左右衛門《つくばたろうざえもん》。余談だが、太郎左右衛門さんは、私は個人的に大好きだった。

若い頃は才気煥発《さいきかんぱつ》で、新作をレコードに吹き込んだり、芝居や映画にも出ていて、ロッパのところなんぞにも顔を出していたと、ロッパの日記にある。

馬楽《ばらく》時代の正蔵師匠は、四代目小《こ》さんが「馬楽」から「小さん」になったから、次は自分が「小さん」を襲名するつもりだった。ところが、文楽師匠の肩入れで、小林盛夫《こばやしもりお》が五代目小さんとなった。さァ大変、一騒動ときた。まさか、「小さん」の下位の名「馬楽」

のままではいられない。で、「正蔵」。

その頃は、そういう暗黙の流れが寄席の世界にあって、「円窓《えんそう》」から「円生《えんしょう》」になるとか、「小柳枝《こりゅうし》」から「柳枝《りゅうし》」、「小三治《こさんじ》」から「馬楽」「小さん」となる、なんということが大切な伝統として存在した。

それらをいま考えてみると、何だったのかなあ。いや、大事な伝統であるとは思うが、〝時代だなあ〟とも思う。それが証拠に、「小朝《こあさ》」など前座名でずっときて、二つ目、真打ちで小朝師匠。「春風亭《しゅんぷうてい》小朝」という看板ができた。立川流《うち》の「志《し》の輔《すけ》」もまた然《しか》り。

高座では、大幹部として扱われていたが、〝感情注入が下手〟という欠点があって、聴いてて面白くない。したがって、余興に演る茶番《ちゃばん》、これも感情が入っていないから面白くない。

見ていた三多吉《みたきち》、いまの歌六《うたろく》が「何だい、これは」と言ったが、げにその言《げん》やよし。〝命中〟〝正しい〟と思った記憶を持っている。けど、この師匠が、客が少ないとき、人形町《にんぎょうちょう》末広《すえひろ》でとろ〳〵とろ〳〵演ってるとき、〝受けよう〟という勘定なしに喋《しゃべ》ったときは素晴らしかった。

正蔵師匠をもっと上手に演出し、正蔵師匠のよさを出したら、ユニークでいい芸人ができただろう。わかりやすくいうと、嫌な表現だが、〝文芸性のある落語家〟である。

3

4

「戸田の渡しは、雪でございます」

と、口調は硬かったが、そう締《し》めた。結構なもんだと、そのときに談志は素直に思えた。

私は毎度言う〝年寄りキラー〟だから、相手の懐《ふところ》に飛び込んで話をする。と、正蔵師匠は、「俺はあまり上手《うま》くない」とくる。最後はすべて、上位からものを見たり言ったりするのだが、それは、寄席のルールとしてそうさせたのか、はたまた、本当にそう思ったのか。仮に本気で思ったとしても、その時代のことだから、無理はあるまい。あるいは、もっと大きな御人《おひと》で、洒落《しゃれ》で言ったのか。そのへんは判《わか》らない。

陰では私のことを「あの野郎」と言ってたろうが、私が行くと、「よォん」てなもんですね。人間、そんなところですか。

余談だが、かの中国の昔の話、項羽《こうう》と劉邦《りゅうほう》、つまり楚漢《そかん》軍談の一頁《ページ》。巷《ちまた》に学者がいる、と聞いた項羽はその男を呼ぶ。がその男范増《はんぞう》はなか〳〵来ない。イラ〳〵しながら群衆の真ん中で待つ項羽、散々《さんざん》待たせて来た范増は言う。

「私はもうこれで貴方に男を売った」

范増という何だか解《わか》らない人間をこれだけ待った大将の辛抱、偉さを、大衆は識《し》ったはずだ……云々《うんぬん》。

5

これに似てる。談志野郎という若造を許す、という項羽の了見《りょうけん》。家元、そうさせるためにどれだけ尽くしたか。これが周囲にゃ判らない。

6

7

9

10

11

13

12

二代目三遊亭円歌

さんゆうてい・えんか。本名・田中利助、一八九一（明治二四）～一九六四（昭和三九）年。貿易商館や京染屋などに勤めたのち、旅回りの芸人一座の一員を経て、一九一五（大正四）年、初代三遊亭円歌に入門。三遊亭歌奴に改名したのち、二一（大正一〇）年、真打ちに昇進。三四（昭和九）年、二代目三遊亭円歌を襲名する。

場内を爆笑の渦《うず》に叩《たた》き込んでいた。だから、寄席は何処《どこ》でも円歌師匠を欲しがった。

弟子を可愛《かわい》がっていた。特に、いまの円歌、当時の歌奴《うたやっこ》を可愛がっていた。メチャ可愛がり。

普段は吃音《きつおん》、どもり。「オ、オ、オ、オ、俺の、トトト、とこの、ウ、歌奴は、ウ、受けるから、深いところに、ア、ア、ア、ア、上げてくれ」てなもんでネ。

有名な話だが、円歌師匠の吃音は伊達《だて》ではなかった。私に落語についての注意をしてく

れるときも、「コ、コ、コ、コ、コ、コ、こゑんちゃんネ、コココココッコ、これはねえ、クククク」と、このぐらいどもる。それが舞台へ上がると、

「えエー円歌でございます。

鵯越《ひよどりごえ》の山頂に立った義経《よしつね》は、遥《はる》か下を見渡して、〝おお、我が谷は緑なりき〟……」

と、その頃の映画の題名を入れたりもしていた。それに芝居噺《しばいばなし》、ジョン・フォードだ。

落語は、旧作・新作が半々だったか。その中間になる地噺《じばなし》、『源平《げんぺい》』であるとか、『西行《さいぎょう》』であるとか……。

新潟の出身であり、毎度いう如《ごと》く、地方出身者はどっかで軽蔑《けいべつ》されていて、〝ああ、円歌ァ、新潟だよ。今輔《いますけ》は群馬だし〟てなもんだ。


満面の笑《え》みを浮かべ、「踊《おど》り地《じ》」という出囃子《でばやし》で高座に上がった。

開口一番、

「えエー、円歌でございます。

貰《もら》ったバナナ三本を右と左とお尻のポケットに入れて、満員電車へ乗ったら〝ダーン〟と押されたから右のバナナがベト〳〵。〝しまった〟と言って左のを押さえようとしたら、押されてこっちもベト〳〵。

2

最後の一本は、ってンで、後ろへ手ェ回したら、後ろの人が〝失礼なことをするな〟って」

早い話がチンボコだ。

これは受ける。いきなりズバーンと入ってくる。

十八番中の十八番が『呼び出し電話』であった。

「電話、どっから？」

「脳病院。〝部屋が空《あ》いたから〟だってさ」

ボーンとくる。

芝居噺も多く演《や》った。曰《いわ》ク、『七段目《しちだんめ》』『さんま芝居』『竜宮《りゅうぐう》』。

得意の『肝潰《きもつぶ》し』なども、三味線《しゃみせん》を入れて、芝居噺形式で語っていた。

新作では、『馬大家《うまおおや》』というのがあった。これは別に大家シリーズでもなければ、馬シリーズでもないが、この師匠の売り物シリーズに、『ボロタク』。『反対俥《はんたいぐるま》』の自動車版であり、『木炭車《もくたんしゃ》』など、いろ〳〵なボロ車に乗る噺を演った。

電話シリーズでは、『呼び出し電話』のほかに『社長の電話』とか、田島さんの撮影メモによるとこの写真がそうだというが、『空《あ》き巣《す》の電話』なんというものがあった。

で、大して面白くないのを、つまり初演を初日にぶつける。〝いいのかな〟と思ったっけ。

しかし、その面白くも何ともない新作を、二日、三日、四日演っているうちにモノにしてしまう。受ける噺に作り上げてしまうのだ。

「パンティーとハンケチを間違えた」という漫談を一席の落語に拵《こしら》えて、題名を『錯覚』と書かせたり、『七草《ななくさ》』なんという面白くも何ともない落語をその時期にだけ演じたりもしていたが、寄席全体を眺めれば、そういう〝面白くないが、短くて邪魔にならない、ちと変わっている噺〟もあって当然だったのだろう。

最後に、踊りがあった。愛嬌《あいきょう》のある踊りで、「春雨《はるさめ》」を踊る。踊りながら喋《しゃべ》る。春雨てンだから、上から雨が降ってくる手つきをして、

「しっぽり濡れるてえンだから、こいつは濡れりゃあいいんでね」

云々《うんぬん》。三味線が終わると、踊りも終わる。

「踊りながら、なか〳〵こう喋れるもんじゃない。これができるところを見ると、名人の資質ではないか」

なんと言いながら下りてくる。

トリをとると、踊りを二つも三つも踊って、「サービスにサービスを」と言いながら、客の満足をこれでもかこれでもかと追って、「本日はこれぎり」と終演《ハネ》た。

私は、「ちょかね」という踊りが好きだった。地方出のわりには、その踊りは明るく、

4

5

軽く、粋《いき》であった。

しかし、それらを含め、円生《えんしょう》師匠は嫌っていて、とどのつまりは、「何故《なぜ》俺が円歌の下にいなきゃならないんだ」とまで言っていた。

「本格派」と称《い》われた人たち、またそれを求めた観客にとって円歌は二流。受けていることは認めるが、一段下であると判断されていて、あれだけ笑いをとっても、TBSのプロデューサー出《で》口《ぐち》一《かず》雄《お》は、円歌をTBSの専属にはしなかった。〝二流で田舎出〟ということであったのだろう。

〝下手だ〟〝二流だ〟といわれた円歌師匠だが、近年になって〝凄《すご》い〟と思ったことがあった。

数年前のことになるが、円歌師匠が出演している映画のようなものを見た。そこで、十八番の『呼び出し電話』を演じていたのだが、高座姿を撮《と》ったわけではなく、『呼び出し電話』という落語そのものを映像にしている。

電話を持っている家の主人が電話をかけるシーンがあって、次に、誰かが電話を借りにくる。若い女性が、「あのォ、ちょっとお電話を拝借したいんですが」と来るが、それを鬘《かつら》をかぶった円歌師匠が演じる。

ということは、細かくカットを撮って、それらを全部つなげているのだ。そのカットとカットをつなげた最終的な形は、円歌師匠の意識にはないはず。にもかかわらず、電話を借りにくる人たちを見事に演じている。役者として画面に耐え得る演技をしている。これには驚いた。

落語家で芝居の好きな人はいるが、映画の手法を直感的に解釈して演技をしているのを見たとき、〝伊達じゃないんだ、三遊亭円歌は〟と改めて思った、というよりも愕然《がくぜん》とした。この才能が了見《りょうけん》として円歌師匠の噺に出てきたのだろう。だからちゃんと芸になっていて、しかも近代性、つまりその頃の〝現代〟を帯びていたのだろう。だから受けた。

明るく陽気で、無邪気《むじゃき》で子供っぽい人で、楽屋で下手な手品を若手に見せるのだが、見せられたほうはヨイショしなければいけないと思うから、「さすが師匠ですね」なんと言って拍手をしたりしていた。それを自分で客観的に考えて、〝何てえことを俺はやってるんだろう〟とは思わない。無邪気、邪気がないのだ。

写真の通り二枚目であったが、顔に〝そばかす〟があり、小紋《こもん》の着物を着てったら、下《げ》座《ざ》のおばさんに、

「師匠、顔も小紋ですね」

と言われた、という楽屋話が残っている。当人も〝役者のような男だ〟、つまり〝いい男だ〟と思っていたし、楽屋では、「耳だけ羽左衛門《うざえもん》」。十五代羽左衛門、橘屋《たちばなや》である。確かに、似ている。

田島さんの写真は、明るい。家で撮った写真も、橘屋に似ている。

円歌師匠が病気になったとき、尾久《おぐ》の自宅へ見舞いに行った。染めていた髪の毛が白くなって、無精髭《ぶしょうひげ》が生えて、〝円歌師匠は、お爺《じい》さんなんだ〟と、そのときに初めて思ったくらい、若々しい高座であった。この写真を見ると、〝いかにも落語を演っているときに作った顔〟だが、見事にその落語の中に入っている。どれも明るくて、いィーい顔をしている。

円歌師匠、死を迎える床の中で、時計で時間を計りながら落語を稽古《けいこ》していたという逸《いっ》話《わ》が残っている。

本名、田中利助《たなかりすけ》。その頃としては珍しく、旧制中学出のインテリであった。

7

8

9

10

11

12

八代目桂文治

かつら・ぶんじ。本名・山路梅吉、一八八三（明治一六）～一九五五（昭和三〇）年。一八九八（明治三一）年、義太夫語りから落語家に転身し、六代目翁家さん馬に入門。大阪で三代目桂文枝、二代目三遊亭円馬門下を経て、東京に戻る。一九一三（大正二）年に七代目翁家さん馬を、二二（大正一一）年に八代目桂文治を襲名する。落語協会の二代目会長（一九四七～五五年）。

自らサインに「八世家元」と書いた桂文治。根岸《ねぎし》に住んでいて、「根岸の師匠」。

文治師匠の若い頃の、つまり前座の頃の名は知らないが、若くして「桂才賀《かつらさいが》」と名乗っていた時代があった。やがて「翁家《おきなや》さん馬《ば》」を継ぎ、『祇園祭《ぎおんまつり》』、東京・京都・大阪弁を使い分けての囃子《はやし》を売り物にした。「江戸囃子」「祇園囃子」の使い分け。

そして、大阪でいう『親子茶屋《おやこぢゃや》』を『夜桜《よざくら》』と改題して売り物にしていた文治。その頃のさん馬。人気はあったらしい。いや、あったのだろう。つまり、「『祇園祭』の文治」

で売った。

それが、私どもが聴くようになってからは、奇声を上げたりした。判《わか》りやすくいうと、〝臭い落語家〟。で、上手《うま》さは判らなかった。

後年、私がいくらか落語が判るようになってから聴いた文治は、人物描写がすばらしかった。つまり、上手いのだ。で、上手くなって、さて、その次の段階に進むことができなかった。ある批評家が文治を評して、「あるところまで行くと止まる芸」と書いたが、現実にそうなった。上手いが故《ゆえ》に、できてしまったがために次の段階に進めなかったのだろう。

ここに、落語の持つ魔力がある。

この例は三遊亭金馬《さんゆうていきんば》にも当てはまる。あれだけ頭のいい、優れた、人気のあった落語家が、何であんな妙な声を出したり、諧謔《かいぎゃく》を入れたりしたのか。これも文治同様、当人として、行き着くところへ行き着いてしまったのだろう。

後年聴いた『ざる屋』『猫久《ねこきゅう》』『辻八卦《つじはっけ》』『縮みあがり』、皆臭かった。

勿論《もちろん》〝臭い〟ということは、その芸人の持ち味ではあろうが、その持ち味があまりいい感触で伝わってこない。オーバーな演技としか伝わってこない、感じられない。もっと詳

しくいうと、そのオーバーな演技が耳障《みみざわ》りなのだ。で、〝文治は臭い芸〟という評であった。

　個人的に可愛《かわい》がられていたせいもあり、文治師匠の演じる演題《ネタ》が好きだったせいもあり、直接ではなかったが、文治から教わったという人物に間接的に習った。落語協会の事務員になった高橋栄次郎《たかはしえいじろう》、昔、噺家で「柳家小三治《やなぎやこさんじ》」と称《い》ったこの方に、『羽団扇《はうちわ》』を教わった。また好んで文治の作品を演じた。曰《いわ》ク、『洒落小町《しゃれこまち》』『猫久』など〳〵。


で、この〝噺家の一連の写真〟は、田島さんが〝文治好き〟という一点から始まったという。田島さんはきっと、文治の上手い部分を聴いていたのだろう。もはや売れてない文治、人気が下がってきた文治だが、ファンとして彼の写真展をやりたかった。ついては、「文治だけでは売り物にならないので、他の噺家も出した」と、こう田島さんは語ってくれた。

　雑誌の対談で、ゲストの文治師匠が、「もう名人はいなくなりました」と言ったのか、はたまた「もう本当の落語は聴けません」と言ったか。いずれにしても文治は、自分が最後の名人であり、落語家であると思っていたということだろう。

　それを読んで、〝ええェ？　冗談じゃないよ〟と思った。あの〝臭い文治〟に、なぜそんなことがいえるのか。〝まあ誰しも己《おのれ》の自信、自惚《うぬぼ》れがあるからそう言ったのだろう〟

と、その時分は解釈した。

おっと想い出した。「週刊朝日」の「問答有用」という人気ページでの文治の弁だ。問答無用の「無用」を「有用」に替えて、徳川夢声《とくがわむせい》が毎回ゲストを迎えての対談。政治家、文化人、小説家、画家、ありとあらゆるジャンルから呼んで人気のあったページである。その中に文治も入っていた。文治の「もう名人はいない」というのは、そのときの言葉である。

夢声はどう感じたか。

田島さんの写真に高座姿が写ってないところを見ると、高座を退《の》いた後の写真かも知れない。髪を黒く染めていた。楽屋へ入って鳥打帽《とりうちぼう》を取る。前座の私が受け取る。帽子の裏に黒い塗料がついていた。

いつも、〝エホン、オホン〟と軽い咳《せき》をしていた文治。馬風《ばふう》がそばへ来て文治の咳の真《ま》似《ね》をして、「俺は若文治だ」と言って文治師匠をからかっていた。「バカヤロウ」と文治に言われていた。

「低能節《ていのうぶし》」という、寄席で唄《うた》う音曲《おんぎょく》の一つがある。

〽ところてんを売りに行ったら売り名を忘れ
　ガラスで作った拍子木なんぞはいりませんかいな
　　あら　ていのう　ていのう

これを替えて馬風師匠は、

〽文治さんを売りに行ったら売り名を忘れ
　Ｒ・ボンベイの弟なんかはいりませんかいな

その昔、インド人の芸人でＲ・ボンベイという人がいた。私も後年会っている。

ちなみに、都家《みやこや》かつ江《え》は、

〽かつ江を売りに行ったら売り名を忘れ

5

山田五十鈴《やまだいすず》の妹なんぞは
いりませんかいな

と演《や》った。

〽唐辛子《とうがらし》を売りに行ったら売り名を忘れ
手足の取れた赤とんぼなんぞは
いりませんかいな

てのもある。ということは、この文句、昔からあったのだ。

上がり囃子が長唄《ながうた》の「木賊刈《とくさがり》」、それをいま私が使ってる。伝承している。ということは、どっかで文治が好きだった。

この上がり囃子は、談志《わたし》の上がり囃子よりもっとゆっくりしたテンポであった。私のほうが倍以上速い。どっちが本当だかは判らない。ただ、ゆっくり、ゆっくりと出てきた文治の高座へ上がる姿と、文治の「木賊刈」のテンポはちょうど合っていた。で私には合わない。で倍の速さ、と、こうなった。

私が前座に入った頃はまだ落語協会の会長ではあったが、すでに浅い出番に上がるようになっていた。

あるとき、神田立花亭《かんだたちばなてい》で『八百蔵吉五郎《やおぞうきちごろう》』を演ることになった。役者の八百蔵のような顔した盗人《ぬすっと》吉五郎の噺である。これを十日連続して芝居噺《しばいばなし》で演る。「これから、それの囃子を打ちに行くんだ」と馬《うま》の助《すけ》さんが言ったときに、〝ああー、行っときゃよかったなあ〟と、後になってからの悔《く》いを、今更《いまさら》のように思う。

根岸の文治、上方《かみがた》で修業し、売れ、お江戸へ戻ってきたというケース。とにかく長い顔である。「馬が丸行灯《まるあんどん》咥《くわ》えて、その下に鰻《うなぎ》をぶる下げたようだ」という落語のギャグがあるが、それほどでもないにしろ、ご覧の如《ごと》く、〝えろう長い顔どっせ。おン馬《ま》みたいやさかい〟である。この長いお顔でも、若い時分は随分女性にモテたと聞いた。

文治の弟子であった文楽《ぶんらく》師匠の話に、その頃毎日のように楽屋でやっていたサイコロ博《ばく》打《ち》に、文治師匠がいかさまを仕込んだ。それを見ていた仲間から聞いた文楽は、〝この師匠は大したことない〟と思って左楽《さらく》師匠のところへ行ったという話もある。

だがネ、たかが博打のいかさま、むしろ人間的だと私は思うがネ。ということは、私も

7

やるからネ。いや、やったからネ。それも同じことをしたからかネ。

江戸っ子の顔である。

文治師匠は瓢簞《ひょうたん》を愛していて、その瓢簞の一つを貰《もら》った。大事にしていたが、いつしか消えてなくなった。瓢簞もぶらり下がる。長いのだ。

「乙《おつ》に絡んだ垣根のへちま　ぶらり下がったほどのよさ」

この文句で尺八《しゃくはち》の立花家《たちばなや》扇遊《せんゆう》は踊ったと聞く。

文治師匠には人望はなかったようだ。けど、〝じゃあ人望があったのは誰だ〟ということになると、志《し》ん生《しょう》師匠にもない、円生《えんしょう》師匠にも、三木助《みきすけ》師匠にも、ほとんどの噺家にないのではないか。

陽気で明るくて、〝最高の位置にいたから〟という理由で多勢《おおぜい》が文楽師匠のところへ集まってきた。その一門は色物《いろもの》を含めて多勢いて、いわゆる一家をなしていた。〝強いところへ集まってきた〟という言い方をしてもいい。でも、それは人望とはチト違う。

〝人望があった〟といわれた噺家は、私は実際には会ってないが、四代目小《こ》さん一人ではないか。仲間に嫌われた柳家権太楼《やなぎやごんたろう》、ナンセンスの王様、その権太楼が言った、「俺のことを本当に理解してくれるのは四代目だけだ」と。円生師匠は、「寡黙《かもく》で、親切で、行き届いてて、よく物を識《し》ってました」と四代目に賛美を送っている。

翻《ひるがえ》って、じゃあ、立川談志に人望があるのか。あるなあ。あるよ。あるよねえ。親切だもん、お節介だもん。

田島さんは、その展示会の正面にこの文治を据《す》えたと語っていた。

その臭い芸の文治にどこか本格を感じたか、または趣味に合ったのか。それを好む客がいたことは確かだ。

8

五代目古今亭志ん生

ここんてい・しんしょう。本名・美濃部孝蔵、一八九〇（明治二三）～一九七三（昭和四八）年。一九一〇（明治四三）年ごろ、二代目三遊亭小円朝に入門。金原亭馬生（のちの四代目古今亭志ん生）門下に移り、二一（大正一〇）年、金原亭馬きんで真打ちに昇進する。一時、講釈師となったのち、柳家三語楼門下へ。この間、次々と改名する。三四（昭和九）年に七代目金原亭馬生を、三九（昭和一四）年に五代目古今亭志ん生を襲名する。落語協会の四代目会長（一九五七～六三年）。十代目金原亭馬生、古今亭志ん朝の実父。

志ん生をどっから語ろう。どっから攻めよう。どう分解しよう。アトランダムより仕方あるまい。

我々が知る志ん生は、満州《まんしゅう》から帰ってきて花が見事に咲いて、〝志ん生の天下〟といってもいいくらいの時代を作った。

その頃聴いていた小沢昭一《おざわしょういち》、北村英治《きたむらえいじ》をはじめとするジャズ界の人たちは、皆一様に志ん生を褒《ほ》める。

売れなかった頃の昔の写真を見せてやりたい。おそらく志ん生と判《わか》るまい。険しい顔をして、「貧乏神」と仇名《あだな》があったその頃だろう。

〝なめくじ長屋〟に住んでいて、隣が家主《やぬし》。握り飯の粒をスズメに与えるように、低い塀《へい》越《ご》しにポイ〳〵と放ってた。力が強かったのだろう、障子《しょうじ》を開けていた座敷に入ったのか。家主が文句ゥ言いに来た、「汚ねえことするな、この野郎」とネ。

で、相手は大家《おおや》だ。詫びに行かなきゃいけないと思い、手ぶらじゃ行けないと、ひょいと見たらそこに柿があったので、それェ持ってって、「どうもすいません」と言ったら、相手の大家曰《いわ》ク、〝猿蟹《さるかに》合戦じゃねえ〟。上手《うま》いねえ、昔の人は……。

志ん生の俳句、「褌《ふんどし》でズボンを穿《は》くとコブができ」だって。当人は、ナンセンスを作ろうとして作っているのではない。そこが凄《すご》い。

ラジオが全盛、それもＮＨＫのみであった頃、その看板番組の一つ「二十の扉」という番組に志ん生が出た。「トウェンティー・クエッションズ」というアメリカの番組の模倣《もほう》である。つまり、隠されている品物を出演者が当てるというもので、ラジオを聞いている

2

3

人には聞こえるように、「それはダイヤモンドです」なんぞと陰の声で答えを教えておく。

「それは植物ですか、動物ですか、鉱物ですか」

「それは食べられますか」

「それは高いものですか」

「日本人がみんな使うもんですか」

質問していって、二十の質問のあいだに当てるというゲーム。

そこに志ん生が出た。聴いてて驚いたネ。

「それは海にあるもんですか」

「それは昔の人が使ったもんですか」

普通ならば、だんだん攻めてくる。

「海ですか」

「海です」

「それは魚の一種ですか」

「そうです」

「その魚は食べられる魚ですか」

こういうふうにいく。

けど、志ん生は違う。途中で手を挙げると、いきなり、

「それは竜《りゅう》の鬚《ひげ》ですか」

「それは卵の殻ですか」

脈絡《みゃくらく》もなく聞いていく。当たる訳がない。いや、驚いたの、可笑《おか》しいの。

問題は、志ん生が受けさせようとしてやっているのかどうか。「どっかで受けようとしているはずだ」と、徳川夢声《とくがわむせい》が言ってたっけ。

有名な話に、今の志《し》ん駒《こま》に、

「そこにある犬の糞《くそ》、それェ片づけなよ」

志ん駒が紙で取ろうとしたら、

「手でやんなよォー。いい百姓になれないよ」

ジェット機がガクーンと急降下したら、

「危ないよォ。つんのめったらどうすんだい」

勿論《もちろん》、アドリブではあるけど、どっかで受けさせようとしている部分があるのか。もっとも、噺家が受けさせようと思わずに喋《しゃべ》ることはないかもしれない。いや、そんなことはない。小《こ》さん師匠にはある。これを芸人の「フラ」と称《い》う。これについては、小さん師匠のところで書く。

常陸紡績株

8 6 4
9 7 5

競《くら》べて、談志の話なぞはほとんど〝どうだ、面白いだろう〟という組み立て。結果を計算したうえでの喋り。勿論、フラもいくらかあるだろうが。

　志ん生師匠はどうなのか。

「えエー、ヘビというのがいますが、あれは何でヘビといったんでしょうかねえ。最初は名前なんぞなかったんですなァ。
〝何だい、これは。頭からすぐ尻尾《しっぽ》になっちゃってるけど〟
〝何ってえほどのもんじゃねえ。こんなもの屁《へ》みてえなもんだ〟
あれは〝へ〟といったそうですな。〝へが行く、へが行く〟なんて。そのうちに〝ビー〟となって〝ヘビ〟だそうです」

　これ聴いたときにぶっ飛んだネ。

「人情噺《にんじょうばなし》」と称するその頃の〝常識〟を語る内容の噺で、曰《いわ》ク、カルチュアショックだ。具体的にいうと、〝兄弟は仲よく〟だの、〝親孝行をしろ〟だの、教育勅語《ちょくご》ではないが、「兄弟《けいてい》に友に、夫婦相和《あいわ》し、朋友相信《ほうゆうあいしん》じ」。我々が「修身《しゅうしん》」という学科を通して教わってきたこと。そこから発想してでき上がった落語、曰ク人情噺。これを〝大物《おおもの》〟と称して、

落語
志ん生

これが語れる噺家を〝名人〟と称《い》った。

志ん生はこれが不得意だった。けど、名人と言われなければ嫌だという部分があったろう。そして己《おのれ》も名人の芸を多々聴いていたはずだ。嘘《うそ》かホントか、円喬《えんきょう》の弟子であり、その頃の名人上手《めいじんじょうず》といわれた人たちの芸をよしとして聴いていた。で、〝ああなりたい〟。

だが、それらは志ん生には合わない。つまり志ん生の本領は、〝ヘビ〟のほうなのだ。蛇《じゃ》の道《みち》はヘビだ。

「何だいこれは」

「こんなもの、屈みたいなもんだ」

「で、〝へ〟といったそうですな」

普通なら、

「ひどいもんでね、昔の人は、それを〝へ〟と決めちゃった」

なんというフレーズを入れるのだが、志ん生にはそれがない。

「それは、いいかげんである」という見方もあるが、見事な効果だ。

志ん生は勝手だったから人に嫌われ、嫌われるくらいだから仕事がない。で、貧乏。その皺寄《しわよ》せが家族へ行った。

11

それを全部背負った御内儀《ごないぎ》のおりんさん。そして、いまも存命な長女の美津子《みつこ》さん〔二〇二三年没〕。貧乏のどん底の中で、それでも喜びを感じながら志ん生を助けてきた。つまり、助けねばならないほど、志ん生はちゃらんぽらんだった。

それ故《ゆえ》か、いわゆる「滑稽噺《こっけいばなし》」といわれるジャンルの落語には、「堪《たま》らないねェ」なんという平凡な表現ではすまないくらいの物凄《ものすご》さがあった。

ちゃらんぽらんだから、喋る枕《まくら》なぞ決めてない。滅茶苦茶《めちゃくちゃ》に入ってくるし、また、どんな噺でも平気で演《や》っちまう。〝俺なら聴かすことができる〟という自信でもあったのか。『羽衣《はごろも》』なんという、謡曲《ようきょく》の「羽衣」をそのまんま噺で演ってたり、『ふたなり』なんという、聴きようによっては酷《ひど》くグロテスクな噺も演った。

独演会でも、『まんじゅう怖い』と『桃太郎《ももたろう》』と『鮑《あわび》のし』くらいで済ましちまおう、という部分もあった。

志ん生師匠が語る落語、どっちかというと軽い噺というか、普通の噺という言い方もおかしいが、つまり、『町内《ちょうない》の若《わか》い衆《しゅ》』『火焔太鼓《かえんだいこ》』『風呂敷《ふろしき》』『肥《こえ》がめ』『鮑のし』『宮戸川《みやとがわ》』『後生鰻《ごしょううなぎ》』なんという噺には、志ん生独特のギャグがふんだんに入り、

「首を曲げちゃァ感心してやら。蓄音機《ちくおんき》の犬だね」

「お前なんぞに据《す》えてみろ。熱くて飛び上がって天井破っていなくなっちゃうぞ」
〝天井破っていなくなっちゃう〟というのが凄い。
で、人情噺でもなく、軽い落語でもなく、その中間とでもいおうか、『黄金餅《こがねもち》』『富久《とみきゅう》』『らくだ』、これらがまた物凄い。演るたびに内容や話の順序が変わってくる。曰ク「志ん生の世界」である。勿論、「文楽《ぶんらく》の世界」もあり、「円生《えんしょう》の世界」もあるが、「志ん生の世界」が最も落語らしい。

ラジオの中継だったと思う。円生師が絶品の『庖丁《ほうちょう》』を演じ、文楽師匠が『明烏《あけがらす》』を演り、そのあとに上がった志ん生。あとになって聞いたが、そのとき、「父ちゃん、大丈夫かい？」と息子の志《し》ん朝《ちょう》は言ったそうだ。

場所は神田《かんだ》立花亭《たちばなてい》。志ん生が「えェー、ウーン」なんと言いながら上がってったという。私は、それをその場で聴いていたはずだ。で、後になって、それをテープで聴いた。録音していたのが当時電通の小山《こやま》さん、現在は歌舞伎解説の小山観翁《かんおう》氏。彼の家にあった『富久』を聴いた。その『富久』の物凄さ。寒さ、飢え、寂しさ、それらを「えェ〜〜〜」と言ってしまう凄さ。文楽師匠の『富久』が『富久』だと思っていたが、見事に違ってた。

この記憶、新宿《しんじゅく》末広亭《すえひろてい》とダブるのだが、録音は立花だ。別なものなのかも知れない。

13

実際に聴いたのは末広亭、でテープは立花。いや、ことによると小山氏の思い違いか……ま、どうでもいい。

『鰻《うなぎ》の幇間《たいこ》』、桂文楽の十八番だ。幇間《たいこもち》が客に出し抜かれて喋る愚痴《ぐち》の数々。

「先刻《さっき》は客の前だから褒めたけど、何です、君、えェ？　この掛け軸。応挙《おうきょ》の虎《とら》？」

「偽物《ぎぶつ》です」

「当たり前だ。本物あるわけないだろう。第一、丑寅《うしとら》の者は、君、鰻を食わないっていうんだよ。それを掛けとくバカがあるかい。

徳利《とっくり》を見ろ、鰻屋だろ、無地にしてもらいたいね。何だ、これは。お猪口《ちょこ》が気に入らないね。客が二人で柄《がら》が違うじゃないか。こっちが伊万里《いまり》でこっちが九谷《くたに》なんてのなら判るよ。何だい、これ、〝丸〟に〝天〟の字が書いてある。天ぷら屋で貰《もら》ったんだろう」

志ん生だと、こうなる。

「何だい、この掛け軸は。えェ？　〝応挙の虎〟？　俺を虎にして突こうってのかい？」

「何です、この徳利は。キツネが三匹ジャンケンしてるね」

なんて、この発想はどっからくるのかネ。

「えェ？　このお猪口がよくないよ。日の丸と連隊旗がぶっ違いになってるよ」

あったのだ、そういう盃《さかずき》が。

志ん駒は、「〝祝入営〟と書いてあるよ」と付け加えている。

この噺の落《さ》げは、

「おーい、履き物出しな。何？　〝出てます〟？　冗談じゃないよ、おい。えェ？　私ゃ芸人だよ、おい。柾《まさ》の通ったあの桐《きり》の」

「あ、あれはお供さんが履いて帰りました」

これが志ん生になると、

「俺のはこんな下駄じゃないよ」

「お供さんが履いてっちゃいました」

「じゃ、お供さんの履いてきた下駄出せよ」

「新聞紙に包《くる》んで持ってっちゃいました」

私もそうだが、志ん生は落語がなかったら家族も持てなかったろうし、社会からドロップアウトしてたろう。

楽屋の志ん生師匠はあまり喋らなかったし、受け噺もしない。〝こんなことがあった〟という、よくあるお喋りもなかった。人の話題にも参加しなかったように見えた。けど、句会や将棋には凝っていて、楽屋で将棋をやりながら、ブツ〳〵とくだらない駄《だ》洒落《じゃれ》など言ってたのは見ている。

どっかで書いたが、『大工調《だいくしら》べ』の棟梁《とうりゅう》の啖呵《たんか》。我が師小さんは、

「お前の啖呵は、威勢がよすぎるというか、あれは棟梁の啖呵じゃないよ。もっと下の奴《やつ》の啖呵だよ」

志ん生師匠にその話をしたら、

「アァー、いいんだ。あんなものは、啖呵切りゃいいんだから。あいつ、啖呵が好きなんだよ」

〝ああ、そうなんだ〟と思った。あの棟梁があぁいう状況で啖呵を切ったということは、そういうことなのだろう。

「何処《どこ》でも啖呵は切る。風呂屋の番台に対して、または八百屋の店先で、何ぞてえと啖呵を切った。そういう奴だよ」

〝志ん生師匠は物事の本質を摑《つか》んでいる〟とそのとき感じたのを忘れない。

で談志は、己の芸に対する見方、落語に対する分解の結果、〝志ん生再発見〟とこうな

った。

だが、私のほうが深い。滅多《めった》にいない「落語家」である。「噺家」ではない談志は落語を語っているのだ。もう出ないかもしれない。噺家と一緒にいて威張っていると差《さ》し障《さわ》りがあるとするならば、「立川談志というパーソナリティー」である。それに近いものが志ん生である。逆にいうと、志ん生の語った落語を分解し、喋っているのが立川談志なのだ。

「志ん生を継げよ、おい」

と志ん朝に言った。死ぬ一年ぐらい前、いや、もうちょっと前か。

「兄《アニ》さん、口上言ってくれるかい？」

「勿論、喜んで言うよ」

で、私は、余計なこと、いや大事なことを付け加えた。

「けど、もっと上手くなれよな」

志ん朝、怒らなかった。「うん」と言ったっけ。つまり、彼の可能性に挑戦すべきだ、と言ったのだ。それを志ん朝、ちゃんと知っていて、で「うん」。

そして志ん生にならずに、志ん朝は死んだ。

よかったのか、残念なのか、判らない。〝よかった〟というのは、志ん朝からは、〝あれ以上のものが出てこなかったかも知れない〟という思いが源になっていて、〝残念〟というのは、ことによると、作品派から、志ん生の血を継いだ、訳のわからないような部分が出てきたような気もするからだ。

この写真の志ん生は、いい顔してる。人生に幸せを感じていたときの志ん生である。志ん生の全盛は、昭和二十三年頃から四十年ちょいと前ぐらいか。してみると、長い稼業といわれる落語家も、花の命は短いのかも知れない。そのことは、いまの談志にも当てはまる。

古今亭志ん生、いい名である。

五代目柳家小さん

やなぎや・こさん。本名・小林盛夫、一九一五（大正四）～二〇〇二（平成一四）年。一九三三（昭和八）年、四代目柳家小さんに入門。四七（昭和二二）年、九代目柳家小三治を襲名し、真打ちに昇進する。五〇（昭和二五）年、五代目柳家小さんを襲名する。九五（平成七）年、落語家初の重要無形文化財保持者（人間国宝）に。落語協会の七代目会長（一九七二～九六年）。柳家花緑の祖父。

若き柳家小さんである。すっきりとした顔に、写っている。

写真に『強情灸《ごうじょうきゅう》』がある。こういう、『強情灸』とか、『長短《ちょうたん》』とか、『睨《にら》み返《かえ》し』とか、絶品であった。

若くして文楽《ぶんらく》師匠に推《お》され、先輩を飛ばして真打ちになったから、周りの抵抗も随分あったろう。けど、文楽の一言で今日まで来た。また、それに耐え得るだけの内容を持って

いた。個人的には、兄弟分《アニキ》の三木助《みきすけ》も、〝結構じゃないか〟とそれを推した。

落語通と称する安藤鶴夫《あんどうつるお》、いや、その先輩の久保田万太郎《くぼたまんたろう》であるとか、寄席の席亭《せきてい》であるとか、それらがこぞって小さんを褒《ほ》めた。

「ちと早過ぎる」と言ったのは、真山恵介《まやまけいすけ》となって亡くなった杉田憲治《すぎたけんじ》。私を噺家にしてくれた、きっかけをつくってくれたこの人だけだった。「後からなったって大丈夫だよ」と言ったのを覚えている。

家族の写真がある。我々が「義公《よしこう》、義公」と呼《い》った、よっちゃんを間へ置いて、皆それ〴〵いい顔をしている。

〝ああでない〟〝こうでない〟と、喧《うるさ》いお内儀《かみ》さん。知らない人から見たら、〝小さん師匠ンとこへ行くと、お内儀さんが乱暴だからな〟ということになるのだろうが、私には「談志が来たよォ」なんと言ってくれた。乱暴さをその分だけ優しいフォローで包むようなお内儀さんであった。

でなければ、噺家の内儀さん、まして、これから出世しようという噺家の内儀さんは務まらなかったのだろう。

小さん師匠より早く死んだが、小さん師匠より年上である。ちなみに、お内儀さんの葬

儀の弔文《ちょうぶん》は私が書き、私が読んだ。小さん師匠は感極まって泣いていたっけ。

「バカヤロウ、弟子に弔文を書かせる奴《やつ》があるか」

という文句も出たそうだが、

「いいよなあ、お前がやる分には」

「いいですよ。ぐず〳〵言う奴は、ロクな者《もん》じゃァないですよ、師匠」

小さん師匠が、私にボソッと言った。

「昨夜《ゆんべ》、お前、タクシーに乗ったらよォ、その運転手がな、お前の悪口ばっかりなんだよ。〝談志はしょうがねえな。生意気だな、あいつな。師匠の弟子でしょ。だめだ、あれな、なんとかしねえと〟

さんざっぱら言うんだ、お前のことを。しょうがねえから、降りるときに六百円余計にやっちゃった」

どうってことはないんだけど、これ、小さん師匠が喋《しゃべ》ると可笑《おか》しい。落語の世界で「フラ」というが、えもいわれぬ面白さ。小さん師匠、フラのある芸人でした。

小さん師匠、普段は寡黙《かもく》な人で、志《し》ん生《しょう》同様、将棋を指してるときだけ、その将棋から派生してちょっと喋った。その程度であった。

3

楽屋では、あまり文句も言わなかった。


今だからいうが、その頃、あの頃、二人が喧嘩《けんか》ァしてた頃、もし師匠が、

「オイ帰って来いよ。俺が頭を下げる」

と、もし言ったとしたら、家元は困ったろう。これで落語協会に帰らなきゃあ、日本教に反するものネ。世間が許さない。談志が日本中で叩《たた》かれ、潰《つぶ》される。

それを偶然か故意《わざと》か、師匠は言わなかった。

「あれはあれで、いいんだ」と言った。

師匠、済まねえ。師匠と弟子として、一番仲がよかったしねェ。

その仲のよさも凄《すご》いや。

「ねえ師匠、もう疲れたろうから俺に会長を譲っちゃえよ」

「バカヤロウ、そう簡単にはいかねえ。金だってかかるぞ」

「いいよ、協会の金ェ使うから」

「お前はそれが駄目だってンだ」

「会長として使う金ならいいじゃねえか」

「判《わか》ってないよ、お前は。そう勝手にはいかねぇ」

4

5

「勝手にいかねえったって、伜《せがれ》を真打ちにしたろ」

「あれはお前《め》え、周囲《まわり》から言われたんだ」

「ヨイショと思わねえのかい」

怒ったぞ、三ヵ月くらい。いや半年か。会っても口をきかなかったネ。

でも、そのくらいの仲のつもりではあったのだ。

でも、チト言いすぎたか……。

何だろう、この会話、師匠に対する俺の甘ったれなのか。アドバイスにもならない。他者が聞いたら、ただ師匠に喧嘩を売ってるだけとしか思えまい。チト違うんだがな。

6

7

9

10

11

13

14

左が楽屋、右が囃子部屋、客席だ。渡り廊下が見える。前座五、六番目あたりが、この頃客の数が普通であった。ま、いくらか増えて半分も入りゃ大喜であった。咄の演りいい大きさ、全国で大好きな寄席でありました一番好きな高座であったっけ……なくなって数年、この夢を見たいや十年以上たっても……これ誰が撮ったかは判らない　誰が持っていたのか、　いや、私かなア……

未、いい、二十代の前半と見た、、、
柳家小ゑん、達者な若手であった。

人形町末広の高座をつとめる、二つ目「柳家小ゑん」時代の筆者
(写真提供 筆者)

田島さん アーリガトう
絢と会えて この懐しき我が青春の
想ひ出が人形町末広と共によみがえった
よくぞ保存をして置いてくれた
田島さんへ文化にの 脱帽して 感謝デス

立川談志

写真家・田島謹之助（左）と筆者（撮影 阿久津知宏）

あとがき

久しぶりに書いた。疲れた。もう駄《だ》ア目《め》。

立川談志、終わりに近い。いや、もう終わったか。

色川武大《いろかわたけひろ》兄《アニ》ィの言ったが如《ごと》く、「立川談志、六十代を頂点と考えているはずだ」云々《うんぬん》
……。

その通りでした。我ながら抱きしめてやりたいほどの芸を語った。曰《いわ》ク『居残《いのこ》り』『鉄《てっ》拐《かい》』『芝浜《しばはま》』『金玉《きんたま》医者《いしゃ》』『やかん』『よかちょろ』、いくらもあるが、ファンに任せる。

ガムシャラに走り、売れた二十代、三十代、政治、そして五十代。けど若かった。何も判《わか》らなかった。やっと〝落語とは何か〟が解《わか》ったのは六十代だった。つまり遅咲きだ。青の時代が長かった。それでよかった。それで今日があり、満足がある。いつ死んでも構わない。いや、仕方ない。

立川談志、いい名である。炎の如くに志を語る。「その〝志〟とは武士なんだネ」と山《やま》

藤章二《ふじしょうじ》画伯の弁。
照れますネ。町人のほうがいいネ。
いや〳〵、ドーモ〳〵。

立川談志

写真一覧

※以下は撮影者田島のメモから作成しました。

※撮影場所が記されていないものはすべて、人形町末広で撮影したものです。

六代目三遊亭円生

1〜4　一九五四（昭和二九）年五月六日

5　一九五四年一一月四日

6〜12　『首提灯』一九五四年三月二九日

13〜21　一九五四年五月二〇日、新宿末広亭

22　一九五三（昭和二八）年一〇月、円生宅

23　一九五四年七月一〇日、円生宅

24　一九五四年一〇月七日、円生宅

三代目春風亭柳好

1〜4　『野ざらし』一九五四年一一月一八日

5〜6　一九五四年六月七日

三代目桂三木助

1〜3　『三人旅』一九五四年四月二八日

4〜10　『へっつい幽霊』一九五四年五月三一日

11〜13　一九五七（昭和三二）年、三木助宅、長男（四代目三木助）と

14　撮影年月日不明、三木助宅、長女と

15〜16　撮影年月日不明、三木助宅

八代目桂文楽

1〜4　一九五五（昭和三〇）年一月一一日

5〜6　一九五四年五月六日

7〜8　一九五四年四月一三日、後ろは三遊亭百生襲名幕（同年三月襲名）

9〜12　一九五四年三月二九日

13〜14　一九五四年一一月三日、文楽宅

15〜18　一九五五年二月一三日、文楽宅

六代目春風亭柳橋
1〜3　一九五四年四月二八日
4〜8　一九五四年一一月一八日

桂小文治
1〜4　一九五四年四月二八日

五代目古今亭今輔
1　一九五四年一一月一八日
2〜5　一九五四年四月二八日
6〜7　一九五四年八月三一日、今輔宅

八代目三笑亭可楽
1〜3　一九五四年四月二八日
4〜11　『らくだ』一九五四年一一月一八日
12〜14　一九五四年九月一日、可楽宅

四代目三遊亭円馬
一九五四年四月二八日

四代目三遊亭円遊
一九五四年六月七日

二代目桂枝太郎
1〜2　一九五四年一一月一八日
3〜4　一九五四年六月七日

七代目春風亭小柳枝
1〜2　一九五四年五月三一日

昔々亭桃太郎
一九五四年四月二八日

林家三平
一九五四年四月一三日、後ろは三遊亭百生襲名幕

人形町末広、楽屋の記憶
1　一九五四年三月九日、人形町末広の舞台袖で三味線を弾く下座

2　同年同月日、人形町末広の舞台袖
3　同年同月日、人形町末広の楽屋

十代目金原亭馬生

1〜2　『粗忽の使者』一九五五年一月二七日
3〜5　一九五四年九月三〇日
6〜14　一九五四年三月二九日
15〜17　一九五四年九月二四日、志ん生宅
18〜19　一九六七（昭和四二）年一二月八日、馬生宅

三代目柳家小せん

1〜2　『無学者』一九五五年一月二七日

七代目橘家円蔵

1　『浮世床』一九五五年一月二七日
2　一九五四年四月一三日、後ろは三遊亭百生襲名幕

九代目翁家さん馬

1〜2　一九五四年五月六日

三遊亭百生

1　『野崎詣り』一九五五年一月二七日
2　一九五四年一〇月一九日

二代目桂右女助

1〜2　一九五四年五月六日
3〜4　一九五四年八月一三日
5〜6　一九五五年一月一一日
7〜8　一九五五年七月二三日、右女助宅

八代目春風亭柳枝

1〜2　一九五四年五月六日
3　一九五四年一〇月一九日
4　一九五四年一一月四日
5　『胸肋ねずみ』一九五四年三月二九日
6　一九五四年三月二九日

7～8　撮影年月日不明、柳枝宅
9～10　一九五四年四月二日、柳枝宅

八代目林家正蔵

1　『蔵前駕籠』一九五五年一月一一日
2～6　一九五四年五月六日
7　一九五四年八月一三日
8～10　一九五四年四月一三日、後ろは三遊亭百生襲名幕
11～12　一九五四年三月一八日、正蔵宅
13　一九五四年八月二五日、正蔵宅

二代目三遊亭円歌

1～3　『空き巣の電話』一九五四年九月三〇日
4～5　一九五四年五月六日
6　一九五四年一〇月一九日
7～9　一九五四年五月六日
10～12　一九五四年八月一七日、円歌宅
13～14　一九五四年五月二六日、円歌宅

八代目桂文治

1　一九五四年四月一六日、文治宅
2　一九五四年八月二日、文治宅
3～5　一九五四年八月二三日、文治宅
6～9　一九五四年九月二一日、文治宅

五代目古今亭志ん生

1～3　『わら人形』一九五四年五月六日
4～9　一九五四年四月一三日、後ろは三遊亭百生襲名幕
10　一九五四年三月二九日
11～12　一九五四年九月二四日、志ん生宅
13～16　一九五四年八月三一日、志ん生宅

五代目柳家小さん

1～2　一九五四年九月三〇日
3～5　『強情灸』一九五四年八月一三日
6～7　一九五四年一〇月一九日
8～9　『大工調べ』一九五四年三月二九日
10　一九五四年五月六日

11　一九五五年二月七日、小さん宅、妻・長男（六代目柳家小さん）と

12～13　一九五五年二月七日、小さん宅

14～15　一九五四年八月一八日、小さん宅

解　説

立川談春

「充分に喋《しゃべ》った、生きた。まだ〳〵発見もあるが、いま技神《ぎしん》に入《い》っている。いえ、この技神に入るは別段、神様《ゴッド》に非《あら》ズで、神《しん》、つまり神経、スピリチュアルのことである。
一口にいうと、〝落語が判《わか》った〟。いや、落語の持つ人生のポジションが解《わか》ったのだ。いや判ったつもりであろうが……。
で結果、立川談志は落語という形式を中心に語る、エンタテインメントとなりました」

（まえがきより）

「ガムシャラに走り、売れた二十代、三十代、政治、そして五十代。けど若かった。何も判らなかった。やっと〝落語とは何か〟が解ったのは六十代だった。つまり遅咲きだ。青の時代が長かった。それでよかった。それで今日があり、満足がある。いつ死んでも構わない。いや、仕方ない」

（あとがきより）

このふたつの文章に、物書きとしての立川談志の正体がほとんど解るだけの情報量がある。まず句読点の使い方の繊細さ。己《おの》れを表現する手段として文芸を選んだ人はこんな文章は書くまい。語り手として超一流の談志なればこそである。ここまでなら談志の特長となるだろうが、句読点でリズムを明確に、読み手のテンポまでも制御してゆく、となれば特長は長所となる。「こんな文章を書ける人はいない」と私は思っている。事実は、談志は書いているのではなく、喋っているからなのだろうが、口述ならともかく談志の著作はすべて自分で書いている。昔から「唄は語れ、語りは唄え」とはよく言い、またそのように談志から教わったが、書きながら語りに変えてゆくという手法は大した力量と思う。「そうでもないよ」と言われるのなら、ためしにやってみるといい。このような形式で文章を紡いでゆくことは充分にオリジナリティに溢れ、代わりがいないという事実において談志は超一流の文章家だと私は思う。談志の書く文章の内容、フレーズは刺激的で示唆に富んでいるのでそちらにばかり目が向きがちだが、文章作法や句読点という繊細な技術で学者の論文とも作家の作品とも、エッセイ、ドキュメンタリーとも違う個性を出せるという点にもう少し気づいてくれる人がいてほしいと思うし、せめて落語家、特に立川流一門は知るべきであろう。これはそっくりそのまま談志亡きあとの停滞する我が立川流の現状、話芸としての落語との向き合いかたへの堕落に通ずるのであるが。

　句読点の次には談志の文章の中での思考が独特で私にとって魅力があるということを書

く。まえがきの「落語が判った。いや、落語の持つ人生のポジションが解ったのだ。いや判ったつもりであろうが……」皆さん、この文章どう思われますか。「判った」と言い切ってすぐに「いや」と否定して、最後には「判ったつもりであろうが」ともう一度己れに疑問を投げて、ご丁寧に「……」ですよ。

　私に言わせれば「参りました」の一言。

　この本は談志を愛している方しか買わないだろうから「何が凄いんだ」などとは言わないだろうし説明するだけ野暮は承知ですが、解説を頼まれたのだから説明させてください。落語の稽古に例えるとわかりやすい。例えば「芝浜」。必死に稽古して覚える。千利休《せんのりきゅう》は「稽古とは一より習い十を知り、十よりかえるもとのその一」と言ったそうな。これなら大事な教えとして他者の胸に響く。ところがさすがは談志、「一」から習って「五」くらいでもう解ってしまう。ただし談志の「五」は並みの人間の「十」以上に深いから「五」で解ってもおかしくはない。これはもちろん才能ではあるけれど、到達するスピードの問題だから「深い」とか「浅い」の話ではないのです。ちなみに表現でも技術でも競技でも、すべてのスキルの根本は「速さ」。速く喋る、弾く、走る、書く、読む、など根本は「速さ」なのです。「速さ」を会得することが一番困難。だから誰もがそこから逃げようとする。才能とか技術とかセンスとかに。でも揺らがない土台は速さ。

おそらく談志の稽古は十に到達する前に、途中に疑問が湧いてきてしまうのだろう。手本に疑問を感じるのだ。それをそのままにしておけないので稽古しながら改善するが、改善したと思った己れにすら疑問が出てくるので、改善しようと思った自意識にまで疑問を持つ。そのくり返しだった、という思考が見事に文章に現れている。最後にはどうなるのかと言えば、普通は狂います。だから談志は「狂気」とか「非常識」という言葉を使って落語を説明しようとした。刃渡りのように正気と狂気の間を揺れ動く談志の独演会は多くの観客を集めたが、それも当然で談志でなければ味わえないスリルを観客は求めていたと私は思う。つまり立川談志という芸人にとっては芸はあくまで添え物であったと思います。「落語という形式を中心に語る、エンタテインメントとなりました」という一文は、それらを全て受けとめていたということです。そんな芸人と観客の関係に私はいまだに憧れを持っているが、そこへ進みたいと思う私欲が分不相応であること、少なくとも現在は芸を添え物にできる芸人ではないことを最近意識できるようになった。遅すぎるか。

「充分に喋った、生きた。いつ死んでも構わない。いや、仕方ない」という文章からは「何があっても嘘は嫌だ」という思いが透けるが、これはやっぱり戦争を幼少時に経験した世代の独自のものなのか。

本文の談志は寄席の世界に憧れていた頃の想いに溢れているが、なんといってもこの本の価値は死後十年以上経って改めて文庫化しようと思った編集者の心意気であろう。

売れる本ではない。その道のプロなら誰でもわかる。それでも談志の想いを残したいという人が、落語に興味も薄く（決めつけちゃ悪いが、普通に生きていたら落語と縁は薄いだろう）談志と会ったこともない人の心を動かしたという事実。田島謹之助氏が写真を撮りまくった当時も「何を金にもならない無駄なことをやってんだ」であったろうし、今回の編集者も同じだろう。その二人が、立川談志を通して繋がり、さらには田島氏の写真があったればこそ、伝説の師匠方の壮年期の御姿を拝見でき、談志の「小よし」「小ゑん」時代の想いの一端をうかがい知ることができた。田島氏と編集者氏には心から御礼を申し上げたい。

金原亭馬生師匠と柳家小さん師匠への文章が好きだ。両師匠ともに談志は謝っている。「馬生師匠、ごめんなさい」「師匠、済まねぇ」もちろんこの本の真打ちに小さん師匠を持ってきた談志の想いも。

いま談志に会えたら私は何を聞くのだろうか。きっと笑顔で何も答えてくれないだろう。

案外、もう生まれ変わってたりして。

（たてかわ・だんしゅん　落語家）

写真提供　談志役場／ｄＺＥＲＯ

編集付記

一、本書は『談志絶倒　昭和落語家伝』（二〇〇七年九月、大和書房刊）を底本とし、改題のうえ文庫化したものである。文庫化にあたり、明らかな誤りは訂正し、〔　〕内に編集部による注を付した。

一、本文中には今日の人権意識に照らして不適切と思われる表現があるが、著者が故人であることを考慮し、底本のままとした。

中公文庫

芸談《げいだん》
昭《しょう》和《わ》落《らく》語《ご》家《か》伝《でん》

2023年10月25日　初版発行

著　者　立《たて》川《かわ》 談《だん》志《し》

写　真　田《た》島《じま》謹《きん》之《の》助《すけ》

発行者　安部 順一

発行所　中央公論新社
〒100-8152　東京都千代田区大手町1-7-1
電話　販売 03-5299-1730　編集 03-5299-1890
URL https://www.chuko.co.jp/

DTP　嵐下英治
印　刷　三晃印刷
製　本　小泉製本

Published by CHUOKORON-SHINSHA, INC.
Printed in Japan　ISBN978-4-12-207432-3 C1195

あ-79-5

高座のホームズみたび　昭和稲荷町らくご探偵

愛川　晶

「犬の目」を口演中の二つ目・佃家花蔵が酔客に左眼を殴打され、次いで花蔵の兄弟子・傳朝が暴漢に襲われる。八代目林家正蔵の推理は⁉〈解説〉西上心太

206775-2

あ-79-7

芝浜の天女　高座のホームズ

愛川　晶

天女のように美しい妻の秘密とは？　女に金に、芸の道に悩める噺家たちが今日も探偵・林家正蔵の長屋へやってくる。落語ミステリー第四弾。〈解説〉広瀬和生

206903-9

あ-79-8

落語刑事サダキチ　神楽坂の赤犬

愛川　晶

噺家に憧れ、高座扇を持ち歩く「落語刑事」平林定吉が、隠れた名探偵・八代目林家正蔵とともに事件を解決。昭和五〇年代が舞台の落語愛あふれる警察小説。

207240-4

あ-79-9

落語刑事サダキチ　泥棒と所帯をもった女

愛川　晶

百戦錬磨の泥棒たちに翻弄される新人刑事・三崎優子。落語を愛する先輩刑事・平林定吉、隠れた名探偵・八代目林家正蔵とともに犯人を追う。シリーズ第二弾。

207374-6

い-137-1

本牧亭の灯は消えず　席亭・石井英子一代記

石井英子

講談定席として多くの芸人が集った本牧亭。その席亭として昭和の演芸界を支えた「おかみさん」が語る、笑いあり涙ありの一代記。〈巻末対談〉宝井琴調・神田伯山

207122-3

お-82-4

江戸落語事始　たらふくつるてん

奥山景布子

口下手の甲斐性なしが江戸落語の始祖⁉　殺人の濡れ衣や綱吉の圧制に抗いながら、決死で〝笑い〟を究めた噺家・鹿野武左衛門の一代記。〈解説〉松尾貴史

207014-1

お-82-5

圓朝

奥山景布子

「怪談牡丹灯籠」を生んだ近代落語の祖・三遊亭圓朝。師匠や弟子に裏切られる壮絶な芸道を歩み、人々に愛される怪物となった不屈の一代記。〈解説〉中江有里

207147-6

か-92-1

桂馬の高跳び　坊っちゃん講釈師一代記

神田山陽（二代目）

明治生まれの若旦那、張り扇片手に芸の道へ。講談を愛し、講談に尽くした「革命家」二代目神田山陽の痛快な一代記。孫弟子・六代目神田伯山による解説収録。

207002-8

各書目の下段の数字はＩＳＢＮコードです。978－4－12が省略してあります。

ち-8-13
作品集　講釈場のある風景
中央公論新社編
漱石、荷風の随筆から寂聴の短篇まで。講談専門の寄席「講釈場」や講談師たちを描いた明治・大正・昭和期の小説・随筆を集成。〈対談〉神田伯山・長井好弘
207274-9

く-2-2
浅草風土記
久保田万太郎
横町から横町へ、露地から露地へ。「雷門以北」「浅草の喰べもの」ほか、生粋の江戸っ子文人による詩趣豊かな浅草案内。〈巻末エッセイ〉戌井昭人
206433-1

し-15-10
新選組始末記　新選組三部作
子母澤　寛
史実と巷談を現地踏査によって再構成した不朽の実録。新選組研究の古典として定評のある、子母澤寛作品の原点となった記念作。〈解説〉尾崎秀樹
202758-9

し-15-11
新選組遺聞　新選組三部作
子母澤　寛
新選組三部作の第二作。永倉新八・八木為三郎・近藤勇五郎など、ゆかりの古老たちの生々しい見聞や日記で綴った、新選組逸聞集。〈解説〉尾崎秀樹
202782-4

し-15-12
新選組物語　新選組三部作
子母澤　寛
「人斬り鍬次郎」「隊中美男五人衆」など隊士の実相を綴った表題作の他、近藤の最期を描いた「流山の朝」を収載。新選組三部作完結。〈解説〉尾崎秀樹
202795-4

な-73-4
小説集　吉原の面影
永井荷風／樋口一葉／広津柳浪／泉　鏡花
荷風に誘われて遊里をゆく。永井荷風「里の今昔」、樋口一葉「たけくらべ」、広津柳浪「今戸心中」、泉鏡花「註文帳」を収録。文庫オリジナル。〈解説〉川本三郎
206936-7

み-27-1
江戸吉原図《ず》聚《しゅう》
三谷　一馬
江戸風俗画の模写に打ち込んできた著者が、吉原を描いた二五〇余点の絵画資料を精確に復元。今は失われた吉原の全貌を鮮やかに甦らせる画期的労作。
201882-2

み-27-2
江戸商売図絵
三谷　一馬
江戸に生き、この大都市の繁栄を支えてきた人々の生業の数々を、当時の絵画資料より精確に復元。庶民の生活の息吹までも生き生きと再現する労作。
202226-3